Michael Koball

I0006968

Menügeführtes, universelles Maschinenpark-Kapa:

Mit integrierter Situationssimulation durch selektive ~~.~~......~~.......~~......~~...~~.
Maschinen-, Erzeugnis- und Einzelteilparameter

Bibliografische Information der Deutschen Nationalbibliothek:

Bibliografische Information der Deutschen Nationalbibliothek: Die Deutsche Bibliothek verzeichnet diese Publikation in der Deutschen Nationalbibliografie; detaillierte bibliografische Daten sind im Internet über http://dnb.d-nb.de/ abrufbar.

Copyright © 1990 Diplom.de
Druck und Bindung: Books on Demand GmbH, Norderstedt Germany
ISBN: 9783838607887

https://www.diplom.de/document/216695

Michael Koball

Menügeführtes, universelles Maschinenpark-Kapazitäts-programm

Mit integrierter Situationssimulation durch selektive Variationsmöglichkeit aller Maschinen-, Erzeugnis- und Einzelteilparameter

Diplom.de

Michael Koball

Menügeführtes, universelles Maschinenpark-Kapazitätsprogramm

Mit integrierter Situationssimulation durch selektive Variationsmöglichkeit aller Maschinen-, Erzeugnis- und Einzelteilparameter

Diplomarbeit
an der Hochschule für Technik Esslingen (FH)
Dezember 1990 Abgabe

Diplom.de

Diplomica GmbH
Hermannstal 119k
22119 Hamburg

Fon: 040 / 655 99 20
Fax: 040 / 655 99 222

agentur@diplom.de
www.diplom.de

ID 788

ID 788
Koball, Michael: Menügeführtes, universelles Maschinenpark-Kapazitätsprogramm: Mit integrierter Situationssimulation durch selektive Variationsmöglichkeit aller Maschinen-, Erzeugnis- und Einzelteilparameter / Michael Koball · Hamburg: Diplomica GmbH, 1998
Zugl.: Esslingen, Fachhochschule, Diplom, 1990

Diplomica GmbH
http://www.diplom.de, Hamburg 1998
Printed in Germany

Diplomarbeiten Agentur

Wissensquellen gewinnbringend nutzen

Qualität, Praxisrelevanz und Aktualität zeichnen unsere Studien aus. Wir bieten Ihnen im Auftrag unserer Autorinnen und Autoren Wirtschafts-studien und wissenschaftliche Abschlussarbeiten – Dissertationen, Diplomarbeiten, Magisterarbeiten, Staatsexamensarbeiten und Studien-arbeiten zum Kauf. Sie wurden an deutschen Universitäten, Fachhoch-schulen, Akademien oder vergleichbaren Institutionen der Europäischen Union geschrieben. Der Notendurchschnitt liegt bei 1,5.

Wettbewerbsvorteile verschaffen – Vergleichen Sie den Preis unserer Studien mit den Honoraren externer Berater. Um dieses Wissen selbst zusammenzutragen, müssten Sie viel Zeit und Geld aufbringen.

http://www.diplom.de bietet Ihnen unser vollständiges Lieferprogramm mit mehreren tausend Studien im Internet. Neben dem Online-Katalog und der Online-Suchmaschine für Ihre Recherche steht Ihnen auch eine Online-Bestellfunktion zur Verfügung. Inhaltliche Zusammenfassungen und Inhaltsverzeichnisse zu jeder Studie sind im Internet einsehbar.

Individueller Service – Gerne senden wir Ihnen auch unseren Papier-katalog zu. Bitte fordern Sie Ihr individuelles Exemplar bei uns an. Für Fragen, Anregungen und individuelle Anfragen stehen wir Ihnen gerne zur Verfügung. Wir freuen uns auf eine gute Zusammenarbeit

Ihr Team der *Diplomarbeiten* Agentur

Dipl. Kfm. Dipl. Hdl. Björn Bedey –
Dipl. Wi.-Ing. Martin Haschke ——
und Guido Meyer GbR ————

Hermannstal 119 k ————
22119 Hamburg ————

Fon: 040 / 655 99 20 ————
Fax: 040 / 655 99 222 ————

agentur@diplom.de ————
www.diplom.de ————

DANKSAGUNG

Insbesondere bedanke ich mich hiermit namentlich bei Herrn Prof. Dr.- Ing. Silberberger, der die Betreuung meiner Diplomarbeit von seitens der Fachhochschule für Technik in Esslingen interessiert übernommen hat.

Auch der Robert Bosch GmbH und allen Mitarbeitern besonders der, der Abteilung Fertigungsvorbereitung (FVB), bedanke ich mich hiermit für die großzügige Unterstützung.

Ausdrücklich gilt mein Dank meinem Betreuer Herrn Nagel aus der Abteilung FVB14 für seine geduldige engagierte Förderung meiner Arbeit.
Speziell spreche ich hier auch meinen Dank an Herrn Köber aus, der unbürokratisch zum Gelingen meiner Arbeit beitrug. Desweiteren gilt mein besonderer Dank Herrn Dausch der als aufmerksamer Anwender meines erstellten Programms mich mit seinen Ideen in der Testphase hilfreich inspirierte.

Ebenfalls bedanke ich mich bei Herrn Fink und Herrn Stäbler aus der Abteilung FVB19, welche sich für die Bereitstellung der Hard- und Software einsetzten.

Weiterhin sage ich den Herren Neiens und Gühring der Abteilung FAF besonderen Dank, die mir bei allen Fragen der Software-Bedienung mit Rat und Tat zur Seite standen.

Aufgabenstellung

Zu erstellen ist ein Maschinenkapazitäts - Planungsprogramm, welches die Daten von mindestens einem Maschinenpark, aufgegliedert in Einzelteil-, Erzeugnis- und Maschinendaten in drei eigenständigen Dateien verwalten soll.

Der jeweilige Tabellenaufbau und dessen Einträge soll auf die innerbetrieblichen Belange der Firma Bosch abgestimmt sein.

Alle drei Dateien sollen derart verknüpft sein, daß der Auslastungsgrad einer Maschine im Detail bezogen auf ein Einzelteil als auch auf eine Gruppe von, nach verschiedenen Auswahlkriterien aussortierten, Einzelteilen abgerufen werden kann.

Das Programm soll komplett mit Dateneingabe-Routinen, Plausibilitäts-Überprüfungsfunktionen sowie mit Ausdruck-Prozeduren ausgestattet sein und jede Variation der verschiedenen Parameter zulassen.

Desweiteren soll das Programm die Möglichkeit zu, von den Ursprungsdaten unabhängigen, Planspielen bieten.

Ein Mindestmaß an Benutzerfreundlichkeit dieses Programms soll vorhanden sein; zusätzliche praktisch hilfreiche Optionen sind willkommen aber nicht Bedingung.

Die Programmiersprache ist Turbo Pascal 5.5, die Anwendung von unterstützenden Tools ist gestattet.

Inhaltsverzeichnis

1. Kurze Einführung in die Problematik und Notwendigkeit der Maschinenkapazitäts-Planung

In jedem Produktionsbetrieb, dessen Erzeugnisse nach wirtschftlichlichen Gesichtspunkten hergestellt werden, ist unter anderem eine Koordination von vorhandener Produktionskapazität mit der Auftragslage unabdingbare Voraussetzung. Die Art des Maschinenparks und dessen technologischer Stand schränken die Erzeugnisvielfalt ein, die Größe des Maschinenparks legt die Produktionsmenge fest. Einen unkomplizierten Überblick über diesen vereinfacht dargestellten Regelkreis wird es in einer größeren Unternehmung nicht geben. Festgelegte Liefertermine, saisonale Schwankungen der Produktnachfrage, konstruktive Veränderungen des Produkts während der laufenden Prokuktion selbst oder fertigungstechnische Innovationen, Schwierigkeiten in der Zulieferung, Personalmangel und Maschinenausfälle, Maschinen-Umrüsthäufigkeit und Nacharbeitsmenge auf der einen Seite Lieferfristeneinhaltung, Produktaktualität und Produktionskosten-Minimierung auf der anderen Seite sind nur einige beispielhaft genannte Parameter dieses komplexen, schwerlich handhabbaren Regelkreises, welcher umso anspruchsvoller und umfangreicher wird je größer die geforderte Genauigkeit ist.

Für eine grobe Aussage über die Relation von vorhandener Maschinenkapazität zu produzierender Produktionsmenge kann es schon ausreichen, mehr oder weniger starr die Daten des Maschinenparks mit den quantitativen Produktionsdaten in Beziehung zu bringen. Aber auch hier ist eine formelhafte Verknüpfung und Auswertung der Maschinenparameter (Maschinenanzahl einer Maschinengattung, Betriebszeit und Nutzungsgrad dieser Gattung) mit (zu produzierende Stückzahl, Vorgabezeit der entsprechenden Arbeitsgänge) mit großem zeitlichen Rechenaufwand verbunden. Eine flexible Variation der Parameter wird außerdem Bedingung, um auch vorausschauend Auswirkungen in der Zukunft analysieren zu können, denn, um beispielsweise einer sich steigernden Produktionsmenge mit der Vergrößerung des Maschinenparks zum nötigen Zeitpunkt begegnen zu können, muß schon der großen Lieferzeiten wegen ein Jahr zuvor die Auswahl und die betreffende Bestellung einer Maschine oder Anlage erfolgt sein.

Dieses Programm bietet Ihnen nach Eingabe der entsprechenden Daten die Möglichkeit einer ausreichend genauen Übersicht der Istsituation über die Auslastung gleich mehrerer Maschinenparks und ermöglicht weiterhin eine vielfältige Situationssimulation durch Planspiele, in denen alle Parameter verschiedenen Annahmen entsprechend variiert werden können. Viele Informations-Hilfefenster erleichtern Ihnen die Programmbedienung und gewährleisten eine schnelle Einarbeitung.

2. Installation des Programms

Die Installation erfolgt durch einfaches Kopieren der KSTART.EXE-Datei auf einen Datenträger, welcher bei Inbetriebnahme dieses Programms mindestens 200 Kbyte Speicherplatz zur Verfügung stellen sollte. Auch Ihr Hauptspeicher sollte diesen freien Speicherplatz haben, um einen einwandfreien Programmbetrieb zu gewährleisten. Sollte Ihnen der notwendige Speicherplatz nicht bereit stehen, oder wird während der Programmbenutzung vom Programm fehlender Speicherplatz reklamiert, so ist es möglich, den Speicherbedarf für das Programm deutlich zu verringern, da das Programm schon für eine Benutzung mit Overlay-Technik vorbereitet ist. Diese Verwendungsart birgt jedoch den Nachteil in sich, daß sich dadurch die Programmablaufgeschwindigkeit merklich verringern wird. Falls Sie trotzdem eine solche Betriebsart wünschen, so setzen Sie sich bitte mit dem Autor in Verbindung.

Bitte stellen Sie sicher, daß in der Systemdatei "CONFIG.SYS" Ihres Computers eine zulässige Anzahl geöffneter Dateien von mindestens 14 eingetragen steht (FILES=14).

In Ihrem eingerichteten Verzeichnis starten Sie das Proramm mit dem Befehl "KSTART".

3. Umgang mit dem Pulldownmenü

3.1 Hauptmenüleiste und zugehörige Auswahlfenster

Sie haben dort die Möglichkeit mit den Cursorbewegungstasten < ← >, < → >, <Pos1> und <Ende> eine gewünschte Position im Hauptmenü anzusteuern. Durch Drücken der <Return> - Taste öffnen Sie das darunterliegende Fenster. In einem solchen Auswahlfenster sind die Cursorbewegungstasten < ↑ >, < ↓ >, <Bild↑> und <Bild↓> aktiv. Mit der <Esc> - Taste kehren Sie wieder ins Hauptmenü zurück. Einen Programmabschnitt im Untermenü starten Sie mit der <Return> - Taste. Wenn Sie diesen Programmabschnitt wieder verlassen haben, befindet sich der Cursorbalken wieder am Menüauswahlpunkt Ihres zuletzt gewählten Programmabschnitts.

Unter der jeweiligen Überschrift eines Hauptmenüpunktes ist das dazugehörende Aussehen des Pulldownmenüs skizziert.

3.1.1 Hauptmenüpunkt 1: "Betriebsart"

M A S C H I N E N K A P A Z I T Ä T S - P L A N U N G S P R O G R A M M
Version 2.1
Copyright by Michael Koball, 1990

Planspiele - Modus: DrehenNC   Realdaten - Modus zu: Fraesen-

Betriebsart Maschinenpark Einzelteile Maschinen Erzeugnisse Parameter Ende

```
Planspiel-Modus (alt)
Planspiel-Modus (aktiv)
Realdaten-Modus (zu)
Realdaten-Modus (offen)
Secret/Security zurück
```

Secret-Bereich geöffnet !
Securityschalter passiv !

Dieser Hauptmenüpunkt wurde so konzipiert, daß Ihren Daten ein hohes Maß an Sicherheit zukommt. Sichern der Planspieldateien bis zum wirklich beabsichtigten Überschreiben, automatische Einstellung des Programms auf den höchsten Sicherheitsstatus bei Programmbeginn, Selbstführung durch Hilfefenster sowie Passwortabfrage schützen Ihre eingegebenen Daten vor versehentlichem oder vorsätzlichem Überschreiben.

Der evtl. in Hauptmenüpunkt 6 geöffnete Schalter für den Secret-Bereich wird in jedem dieser 5 Untermenüpunkte zurückgesetzt und damit das zugehörige rote Anzeigefeld im unteren rechten Bildschirmrand gelöscht.

3.1.1.1 Untermenüpunkt 1.1 "Planspielmodus (alt)"

Bei jedem Start dieses Programms befindet sich der
Menücursorbalken im Fenster des Hauptmenüpunktes 1 an
der Stelle 1.1 "Planspiel-Modus (alt)". Dieser Modus hält
dabei die Daten der letzten Bearbeitung immer noch bereit,
so daß Sie zu den in der letzten Sitzung bereits
ausgeführten Veränderungen im Planspiel-Modus immer noch
Zugang haben. Wählen Sie diesen Punkt, so stehen generell
die zuletzt in die Planspiel-Dateien kopierten Dateien zur
weiteren Bearbeitung zur Verfügung. Falls Sie diese von
Ihnen modifizierten Daten noch benötigen, sollten Sie
unbedingt darauf achten, daß diese nicht durch die
Menüpunkte 1.2 oder 2.1 - 2.8 mit einem anderen
Maschinenpark überschrieben werden, denn die
Planspieldateien EINZELTE.PLY, MASCHINE.PLY und
ERZEUGNI.PLY können nur mit einem einzigen Maschinenpark
gespeist werden und Planspiele durchführen. Alle darin
gemachten Veränderungen wirken sich nur im Planspiel-
Modus und nur in dem darin geladenen Maschinenpark aus.
Wird ein neuer Maschinenpark geladen, sind die
Veränderungen des zuletzt geladenen Maschinenparks
verloren; der Maschinenpark in seiner unveränderten Weise
ist weiterhin im Realdaten-Modus zu erreichen. Der momentan
im Planspiel-Modus befindliche Maschinenpark wird links
über der Hauptmenüleiste angezeigt. Befinden Sie sich im
Planspiel-Modus, so ist dieses Anzeigefeld rot hinterlegt.

3.1.1.2 Untermenüpunkt 1.2 "Planspiele-Modus (aktiv)"

Wenn Sie sich diesen Punkt ausgesucht haben, so werden
die 3 Dateien des momentanen Maschinenparks im Realdaten-
Modus in den Planspiele-Modus kopiert. Voraussetzung ist
natürlich, daß diese Dateien überhaupt existieren, Daten
beinhalten und außerdem, daß sich diese Dateien nicht schon
im Planspiel-Modus befinden. Der Kopiervorgang kann über

ein zusätzliches, sich öffnendes grünes Fenster rechts von
Ihrem Auswahlfenster verfolgt werden: Die Meldungen des
programmintern ausgelagerten Kopiervorgangs im
Betriebssystem DOS wurden nämlich in das Programm
eingebunden (siehe auch 3.1.2.1).

3.1.1.3 Untermenüpunkt 1.3 "Realdaten-Modus (zu)"

Wählen Sie diesen Unterpunkt aus, so wird dies dadurch
verdeutlicht, daß das Feld rechts über der Hauptmenüleiste
rot hinterlegt den aktuellen Maschinenpark im geschlossenen
Realdaten-Modus anzeigt. Nun sind Ihre Realdaten
beschränkt aktiv, d.h. es können nur Neueingaben gemacht
(siehe 4.2), nicht aber auf die Veränderungs-Tabellen
zugegriffen werden. Alle eingetragenen Daten sind jedoch
von nun an Bestandteil des aktuellen Maschinenparks. Der
aktive Realdaten-Modus (zu) und dessen aktueller
Maschinenpark wird mit rotem Hintergrund rechts über der
Hauptbefehlleiste angezeigt. Wird im Planspiel-Modus
gearbeitet, nimmt der ausgeschaltete Realdaten-Modus (blau)
den Namen des Maschinenparks an, der gerade in den
Planspieldateien geladen ist; dadurch steht Ihnen sofort
wieder nach einem Wechsel in den Realdaten-Modus der
gleiche Maschinenpark mit seinen Realdaten zur Verfügung.

3.1.1.4 Unternenüpunkt 1.4 "Realdaten-Modus (offen)"

Um alle Befehle mit den aktuellen Realdaten durchführen zu
können, werden Sie zuerst aufgefordert, das Passwort
einzugeben. Wurde Ihr eingetragenes Passwort für richtig
befunden, haben Sie nun freien Zugang zu den Realdaten
aller Maschinenparks. Alle eingetragenen Veränderungen,
Einzelteildaten-Veränderungen, teilglobale Maschinendaten-
Veränderungen als auch gesamtglobale Erzeugnisdaten-
Veränderungen überschreiben Ihre bestehenden Realdaten.

Deshalb ist im offenen Realdaten-Modus sorgsam und überlegt vorzugehen.

Jedes Aufrufen eines Untermenüpunktes 1.1 - 1.3 führt zur Schließung des Realdaten-Modus; beim abermaligen Aufrufen desselben wird wieder die Eingabe des Passwortes verlangt.

Die Anzeige des aktiven Realdaten-Modus (offen) erfolgt analog der Anzeige des aktiven Realdaten-Modus (zu) (siehe 3.1.1.3).

3.1.1.5 Untermenüpunkt 1.5 "Secret/Security zurück"

Die evtl. in Hauptmenüpunkt 6 geöffneten Schalter für Secret-Bereich und Security werden zurückgesetzt und entsprechend die roten Anzeigefelder im unteren rechten Bildschirmrand gelöscht.

3.1.2 Hauptmenüpunkt 2 "Maschinenpark"

```
M A S C H I N E N K A P A Z I T Ä T S - P L A N U N G S P R O G R A M M
                             Version 2.1
                     Copyright by Michael Koball, 1990

   Planspiele - Modus: DrehenNC          Realdaten - Modus zu: Fraesen-
───────────────────────────────────────────────────────────────────────
 Betriebsart Maschinenpark Einzelteile Maschinen Erzeugnisse Parameter Ende


        ┌─────────────────────┐
        │                     │
        │  DrehenNC - Park    │
        │  Fraesen- - Park    │
        │  Bohren-- - Park    │
        │  Schleife - Park    │
        │  Polieren - Park    │
        │  Honen--- - Park    │
        │  Montage- - Park    │
        │  Verpacke - Park    │
        │                     │
        └─────────────────────┘
```

Diese Rubrik dient dazu, einen zu bearbeitenden Maschinenpark sowohl im Planspiel- als auch im Realdaten-Modus auszuwählen. Außerdem können damit bei geöffnetem Secret-Bereich (siehe 3.1.4.1) Namensneueingaben und -änderungen bewerkstelligt werden.

3.1.2.1 Hauptmenüpunkt 2 im Planspiel-Modus

Im Planspiel-Modus kann durch Auswahl eines entsprechenden Unterpunktes von maximal 8 aufgeführten Maschinenparks einer ausgewählt werden. Wurde derjenige Maschinenpark gewählt, der bereits geladen ist, wird der aktuell in den Planspieldateien enthaltene Maschinenpark wieder mit den Realdateien gleichgesetzt, d.h. evtl. ausgeführte Veränderungen im Planspiel-Modus werden revidiert. Dieser Kopiervorgang kann über ein zusätzliches sich öffnendes grünes Fenster rechts von Ihrem Auswahlfenster verfolgt werden: Die Meldungen des programmintern ausgelagerten Kopiervorgangs im Betriebs-system DOS wurden nämlich in das Programm eingebunden (siehe auch 3.1.1.2). Wurde ein anderer Maschinenpark gewählt, so wird die rote Planspiel-Anzeige links über dem Hauptmenü korrigiert.

3.1.2.2 Hauptmenüpunkt 2 im Realdaten-Modus

Auch im Realdaten-Modus kann hier der gewünschte Maschinenpark ausgewählt werden, der dann prompt in die rote Realdaten-Anzeige rechts über dem Hauptmenü übertragen wird. Wird im offenen Realdaten-Modus eine gesamtglobale Erzeugnisveränderung durchgeführt, so wirkt sich diese Veränderung auf alle in dem Auswahlfenster aufgeführten Maschinenparks aus (siehe 3.1.1.3 und 3.1.1.4).

3.1.2.3 Hauptmenüpunkt 2 mit geöffnetem Secret-Bereich

Bei geöffnetem Secret-Bereich kann der aktuelle Maschinenpark durch Hauptmenüpunkt 2 nicht gewechselt werden. Dafür können aber die Einträge in dem Untermenü verändert werden. Dies bedeutet, daß über die 8 momentan darin befindlichen Maschinenparks hinaus weitere Maschinenparks eingetragen und angelegt werden können, die dann je nach Bedarf in dieses Auswahlfenster eingeschrieben werden. Die Namensänderung eines bestehenden Maschinenparks kann jedoch nicht vorgenommen werden.
Bedenken Sie, daß ein kompletter Maschinenpark erst dann wirklich besteht, wenn in der Neueingabe-Tabelle entsprechende Einträge gemacht wurden (siehe 4.4).

Um die komplexe und vielfältige Funktionsweise dieses Programmblocks aufzuzeigen, wird nachfolgend ein Beispiel demonstriert:

Angenommen, Sie betreuen 15 Maschinenparks und möchten, jeweils 5 Maschinenparks als Gruppe mit übereinstimmenden Parametern wie Leistungsgrad sowie 2 bzw. 3-Schichtstundenzahl bearbeiten können, die Parameter von Maschinenparkgruppe zu Maschinenparkgruppe sollen jedoch unerschiedlich sein:

Zuerst tragen Sie dazu ausschließlich die ersten 5 gewünschten Maschinenparks in das Hauptmenüfenster 2 ein. Die restlichen 3 Maschinenparkfelder können sie mit Attrappen beschreiben, d.h. mit Maschinenparks, die garnicht existieren und die Sie auch nicht benötigen. Nun stellen Sie Ihre Parameter in den Menüpunkten 6.3 - 6.5 ein. Daraufhin sind Sie schon in der Lage mit Ihrer entsprechend mit Daten ausgestatteten zentralen Maschinen- bzw. Erzeugnis-Tabelle teil- bzw. gesamtglobale Änderungen, die sich jetzt nur auf die 5 eingetragenen Maschinenparks beziehen, durchzuführen. Genauso verfahren Sie nun mit den 2 anderen 5er - Gruppen. Vergessen Sie aber nicht vorher die Erzeugnisdaten auf den alten Stand zurückzusetzen, um für die nächsten 5 Maschinenparks die gleiche Ausgangssituation zu haben. Diese Rückveränderung führen Sie aber ohne einen eingetragenen verwendeten Maschinenpark aus, da ja sonst Ihre vorigen globalen Veränderungen wieder aufgehoben werden würden (siehe auch 5.5).

Die Möglichkeit zur Nutzung einer Maschinenparkanzahl, die größer als 8 ist, kann auch dadurch genutzt werden, daß z.B. derselbe Maschinenpark zu unterschiedlichen Zeiten, mit unterschiedlichen Parametern oder auch Einträgen geführt werden kann. Dazu müssen selbstverständlich andere Maschinenparkbezeichnungen benutzt werden.

Es bietet sich desweiteren die Möglichkeit an, durch Ihr Betriebssystem DOS bestimmte Berechnungszustände von Dateien durch eine Kopie auf Diskette festzuhalten, um diese

zu einem späteren Zeitpunkt vielleicht weiter modifizieren
oder einfach nur wieder abrufen zu können.

Alles in allem beinhaltet der beschriebene Programmblock
unzählige Einsatzmöglichkeiten. Je weiter dessen Verwendung
ausgebaut wird, umso sorgfältiger müssen das Programm und
dessen zugehörige Dateien verwaltet werden.

3.1.3 Hauptmenüpunkt 3-5 "Einzelteile", "Maschinen", "Erzeugnisse"

M A S C H I N E N K A P A Z I T Ä T S - P L A N U N G S P R O G R A M M
Version 2.1
Copyright by Michael Koball, 1990

Planspiele - Modus: DrehenNC   Realdaten - Modus zu: Fraesen-

Betriebsart Maschinenpark Einzelteile Maschinen Erzeugnisse Parameter Ende

```
Änderung Stück
Änderung Daten
Änderung Gesamt
Neueingabe
```

M A S C H I N E N K A P A Z I T Ä T S - P L A N U N G S P R O G R A M M
Version 2.1
Copyright by Michael Koball, 1990

Planspiele - Modus: DrehenNC   Realdaten - Modus zu: Fraesen-

Betriebsart Maschinenpark Einzelteile Maschinen Erzeugnisse Parameter Ende

```
Änderung Gesamt
Neueingabe
```

```
MASCHINENKAPAZITÄTS-PLANUNGSPROGRAMM
                    Version 2.1
           Copyright by Michael Koball, 1990

 Planspiele - Modus: DrehenNC        Realdaten - Modus zu: Fraesen-

Betriebsart Maschinenpark Einzelteile Maschinen Erzeugnisse Parameter Ende


                                   Änderung Stück
                                   Änderung Daten
                                   Änderung Gesamt
                                   Neueingabe
```

Im Planspiel-Modus oder im offenen Realdaten-Modus können alle zugehörigen Unterpunkte uneingeschränkt genutzt werden. Befinden Sie sich im geschlossenen Realdaten-Modus, so ist nur die Neueingabe-Tabelle im jeweils letzten Menüpunkt benutzbar (siehe 3.1.2).

3.1.4 Hauptmenüpunkt 6 "Parameter"

MASCHINENKAPAZITÄTS - PLANUNGSPROGRAMM
Version 2.1
Copyright by Michael Koball, 1990

Planspiele - Modus: DrehenNC   Realdaten - Modus zu: Fraesen-

Betriebsart Maschinenpark Einzelteile Maschinen Erzeugnisse Parameter Ende

```
                              Passwort ändern ?
                              Securityschalter: Passiv
                              Leistgungsfaktor: 74.10
                              2-Schicht/Monat : 320 Std.
                              3-Schicht/Monat : 450 Std.


                              Secret-Bereich geöffnet !
                              Securityschalter passiv !
```

3.1.4.1 Untermenüpunkt 6.1 "Secret-Bereich" / "Passwort ändern ?"

Bei der Anzeige "Secret-Bereich" haben Sie die Möglichkeit durch Passwort-Eingabe diesen Bereich zu öffnen. Dadurch ist es Ihnen erlaubt, grundsätzliche Veränderungen der Programmparameter vorzunehmen. Dazu gehören die unter 3.1.2.3 beschriebenen Änderungen der Maschinenparkeinträge im Hauptmenüpunkt 2, desweiteren die Änderung des Passwortes, des Leistungsfaktors, der 2- bzw. 3-Schichtstundenzahl sowie die Ausschaltung (passiv) des Securityschalters in diesem Hauptmenüpunkt 6.

Wird im Untermenüpunkt 6.1 die Anzeige "Passwort ändern ?" vorgefunden, so ist der Secret-Bereich geöffnet

und es wird Ihnen dadurch die Möglichkeit angeboten, das Passwort zu ändern. Der geöffnete Secret-Bereich wird außerdem durch ein rotes Feld mit der Aufschrift "Secret-Bereich geöffnet !" rechts unten im Bildschirm dargestellt. Geschlossen wird der Secret-Bereich durch Aufrufen irgendeines Unterpunktes des Hauptmenüpunktes 1.
Bei jedem Programmstart wird der Secret-Bereich geschlossen.

3.1.4.2 Untermenüpunkt 6.2 "Securityschalter aktiv / passiv"

Der Securityschalter ist dazu da, unabsichtliche oder unbefugte teil- bzw. gesamtglobale Löschungen zu verhindern. Um solche Befehle ausführen zu können, muß also vorher dieser Schalter passiv gemacht werden. Dies ist aber aus Sicherheitsgründen nur wieder mit einer Passworteingabe unter Menüpunkt 6.1 möglich. Die Passivstellung dieses Schalters wird durch ein rotes Feld mit der Aufschrift "Securityschalter passiv !" im rechten unteren Bildschirmrand des Pulldownmenüs angezeigt. Möchten Sie den Securityschalter wieder zurück auf "aktiv" stellen, so nehmen Sie dies wie beim Passivstellen wieder in Menüpunkt 6.2 vor. Außerdem kann der Schalter durch Menüpunkt 1.5 zurückgestellt werden.
Bei jedem Programmstart steht der Securityschalter auf aktiv.
Das Passwort heißt bei Auslieferung "Passwort".

3.1.4.3 Untermenüpunkte 6.3 - 6.5 "Leistungsfaktor", "2-Schicht/Monat", "3-Schicht/Monat"

Dies sind die Ausgangsparameter für alle Berechnungen. Möchten Sie deren Betrag ändern, so muß wieder zuerst der Secret-Bereich durch Eingabe des Passwortes in Menüpunkt 6.1 geöffnet werden, wenn dieser nicht schon bereits geöffnet ist. Es sei hier besonders darauf hingewiesen, daß eine Veränderung der 2 Schicht-Parameter allein nichts bewirkt; die berechneten Größen bleiben unverändert bestehen. ~~Um eine~~ ✳ ~~Neuberechnung der Rechenwerte durchzuführen, muß bei Veränderung des Leistungsfaktors jedes Einzelteil bzw. bei Veränderung einer Schichtstundenzahl jede Maschine aufgerufen werden. Es wäre aber sehr umständlich jedes Element einzeln aufrufen zu müssen, deshalb wendet man hier das Verfahren einer globalen Veränderung an.~~

Immer wenn Sie Schichtstundenzahlen verändert haben, ist ein Zahlenwert jeder Maschinengruppe in der Maschinen-Tabelle zu verändern, um dadurch für jede Maschinengruppe und damit auch für die dazugehörenden Einzelteile eine Neuberechnung durchzuführen. Erst wenn dies für alle Maschinen ausgeführt wurde, entsprechen die Rechenergebnisse der augenblicklichen Parametereinstellung.

~~Falls Sie nur den Leistungsfaktor, nicht aber die Schicht-~~ ✳ ~~stundenzahlen erneuert haben, reicht eine gesamtglobale Erzeugnis-Stückzahlveränderung für jedes Erzeugnis aus, um dadurch alle Einzelteildaten in allen 3 in Menüpunkt 2 eingetragenen Maschinenparks mit dem neuen Lei-stungsfaktor zu berechnen.~~

Die neuinitialisierte Parametereinstellung bleibt bis zur nächsten Änderung auch nach Ausschalten des Computers bestehen.

✳ Nach Änderung des Leistungsfaktors erfolgt die Umrechnung der Daten in Version 2.2 prompt und automatisch.

Die Version 2.2 beinhaltet die Möglichkeit für die verschiedenen Maschinengruppen unterschiedliche Leistungsfaktoren zu verwenden.

3.1.5 Hauptmenüpunkt 7 "Ende"

```
M A S C H I N E N K A P A Z I T Ä T S - P L A N U N G S P R O G R A M M
                          Version 2.1
                 Copyright by Michael Koball, 1990

Planspiele - Modus: DrehenNC          Realdaten - Modus zu: Fraesen-
Betriebsart Maschinenpark Einzelteile Maschinen Erzeugnisse Parameter Ende
```

Dieser Hauptmenüpunkt beinhaltet kein Auswahlfenster mit
Untermenüs. Die Wahl dieses Punktes führt nach einer
Bestätigung zum Verlassen des Programms. An dieser Stelle
wird darauf hingewiesen, daß es sehr ratsam ist, von Zeit zu
Zeit Sicherungskopien von Ihren Realdatendateien
anzufertigen, um sich bei einer evtl. Beschädigung der
Festplatte ein erneutes Eintippen Ihrer Daten ersparen zu
können. Die Arten der angelegten Dateien werden im
Programm folgendermaßen verwaltet und gekennzeichnet: Für
jede Maschinenparkbezeichnung, die in Menüpunkt 2 einmal
eingetragen wurde, wurden dann Dateien angelegt, wenn
dazu jeweils im Neueingabe-Modus Einträge für die
zugehörige Einzelteil- bzw. Maschinendatei vorgenommen
wurden. Auf der DOS-Ebene werden für Sie die
Dateibezeichnungen sichtbar: Die Einzelteildateien beinhalten

Ihre in Menüpunkt 2 eingetragene Maschinenparkbezeichnung sowie die vom Programm angehängte Einzelteildatei-Kennzeichnung ".EIN". Analog wird mit den Maschinendateien verfahren und die Endung ".MAS" hinter den eigentlichen Dateinamen angefügt. Die für alle Maschinenparks zuständige Erzeugnisdatei heißt "ERZEUGNI.ERZ". Die 3 Planspieldateien (Endung ".PLY") brauchen nicht gesichert werden, da diese Dateien nur eine evtl. veränderte Kopie der Realdatendateien darstellen.

Die Datei, die die veränderbaren Parameter speichert, heißt "PARAMET.DAT".

4. Neueingabe programmspezifischer Daten

4.1 Allgemeines

Um Eingabefehler wie z. B. nichterlaubte Zeichen, fehlende
oder unsinnige Angaben sowie Bereichs-Überschreitungen
schon im Vorfeld während der Eingabe auszuschalten, wurde
dieses Programm mit einer "intelligenten" Eingabe
ausgestattet. Diese kontrolliert ständig die gemachten
Angaben und bringt Eingabefehler mittels einer detaillierten
Fehlerbeschreibung in einem Hilfefenster zum Ausdruck. Erst
wenn eine eingegebene Datenzeile vollständig der vom
Programm erwarteten und verarbeitbaren Form entspricht,
d.h. nur Zeichen beinhaltet, die in der Praxis sinnvoll und
logisch sind, wird die Eingabe akzeptiert und zur
Einspeicherung zugelassen.
Für die Information über die vom Programm erwartete
Zeichenart in einer entsprechenden Spalte steht während der
Eingabe ständig ein Informationsfenster mit einer
zusätzlichen Zeichenformat-Schablone durch die <F1> - Taste
abrufbereit (siehe 4.5).

4.2 Neueingabe-Menüpunkte im Pulldownmenü

Folgende Menüpunkte sind für die entsprechenden
Eingabedaten auszuwählen:

- *Einzelteile.Neueingabe* ---> *Menüpunkt 3.4*
- *Maschinen.Neueingabe* ---> *Menüpunkt 4.2*
- *Erzeugnisse.Neueingabe* ---> *Menüpunkt 5.4*

4.3 Erklärung des Displays der Neueingabe-Tabelle

Wenn Sie im Pulldownmenü eine diesbezügliche Tabelle ausgewählt haben (siehe 4.2), so wird die gewählte Tabelle zusammen mit einer rot blinkenden Eingabezeile in der ersten Tabellenzeile eingeblendet. Der Cursor steht in der linken Eingabespalte am linken Ende. Sobald Sie mit dem Eintragen von Daten beginnen, wird die Blinkfunktion ausgeschaltet. Nachdem Ihre Eingaben vom Programm akzeptiert und abgespeichert wurden, wird Ihre Eingabezeile nach unten hin verschoben und blau gefärbt. In der ersten Tabellenzeile erscheint wieder die rot blinkende Eingabezeile, die Sie zur Eingabe von Daten animieren soll. Nach erfolgter Abspeicherung wird auch diese Zeile wieder nach unten verschoben, blau gefärbt usw. und so fort. Dabei wird Ihre vorletzte Eingabezeile ebenfalls noch einmal um eine Zeile nach unten verschoben usw., wodurch Sie ständig einen Überblick über Ihre zuletzt gemachten Eingaben in umgekehrter Eingabereihenfolge parat haben. Wegen des unteren Tabellenendes, ist dieser Überblick auf 16 Elemente begrenzt.

Im linken oberen Feld des Bildschirms wird die momentane Elementenanzahl der entsprechenden Datei schwarz auf grau angezeigt.

Im mittleren oberen Tabellenfeld wird Ihnen die Art der Tabelle weiß auf violett und rechts daneben Tag und Datum wieder schwarz auf grau eingeblendet.

Zur Eingabe Ihres jeweils ersten Elements wird Ihnen zusätzlich noch die Zeichenformat-Schablone weiß auf grün unterhalb der roten Eingabezeile ausgegeben (siehe auch 4.1).

Die Funktionstastenbelegung der Menübefehlsleiste am unteren Bildschirmrand wird rot auf grauem Grund angezeigt (siehe auch 4.7.2).

4.4 Anlegen und Eröffnen von Dateien für die Speicherung programmspezifischer Daten

Das Anlegen und Eröffnen von Einzelteil-, Maschinen- und Erzeugnisdateien erfolgt automatisch durch Dateneingabe im Neueingabemodus der jeweiligen Tabellen und braucht also von Ihnen nicht umständlich im Betriebssystem vorgenommen werden. Zuerst wird Ihre Festplatte/Diskette noch daraufhin untersucht, ob auch genügend Speicherplatz zur Aufnahme Ihrer Eingaben vorhanden ist.

Alle erstellten Dateien werden im Verzeichnis des Programms abgelegt.

4.5 Definition und Erklärung der erwarteten Eingaben in die Tabellenspalten

Zur Kontrolle und Information über die Art der einzugebenden Zeichen läßt sich mit der Funktionstaste <F1> jederzeit ein Hilfe-Erklärungsfenster anwählen, welches zum einen die Zeichenformat-Schablone (grün) unter der aktuellen Eingabezeile einblendet, zum anderen die zugehörigen Erklärungen beinhaltet.

Als Erinnerungsstütze erscheint bei jedem erstmaligen Aufruf einer Neueingabe-Tabelle die Schablone automatisch. Im Folgenden wird die Symbolik der Schablone erläutert:

- **S** - (String) In dieser Tabellenspalte werden alle Buchstaben und Ziffern, sowie die Sonderzeichen "( ) - , . /" zugelassen. Ihre Eingabe muß mindestens aus einem Zeichen bestehen. Bei der Eingabe einer Zahl muß der Betrag dieser Zahl ungleich "0" sein. Ihre Eingabe in dieser Spalte wird während der Programmverarbeitung an die linke Spaltenbegrenzung verschoben

- **s** - (String) Die zugelassenen Zeichen sind dieselben wie beim Symbolbuchstaben "S", jedoch ist in einer solchen Tabellenspalte eine Angabe nicht unbedingt notwendig, denn Einträge in dieser Spalte haben nur informativen Charakter, d.h. das Programm verarbeitet diese Angaben nicht. Sie können sich hier also entsprechend der Spaltenüberschrift sekundäre Anmerkungen eintragen. Auch hier werden Ihre Einträge linksbündig verschoben.

- **I** - (Integer) Hier werden nur Ziffern zugelassen und mindestens eine Ziffer verlangt. Dabei muß der Betrag des Eintrags ungleich "0" sein. Zahlen werden immer rechtsbündig verschoben, außerdem werden am linken Zahlenrand stehende Nullen gelöscht.

- **i** - (Integer) Die Bedingungen dieser Tabellenspalte sind dieselben wie die beim Symbolbuchstaben "I". Allerdings sind hier keine Einträge verlangt (siehe Symbolbuchstabe "s").

- **J** - (Integer) Auch hier sind die Bedingungen mit denen von Symbolbuchstabe "I" identisch, jedoch wird in dieser Spalte die Eingabe erst dann akzeptiert, wenn jedes Feld der Spalte mit einer Ziffer ausgefüllt wurde. Eine Verschiebung der Zahl ist hier nicht nötig, da ja ohnehin die gesamte Spalte ausgefüllt ist. Eine Löschung von am linken Zahlenrand stehenden Nullen unterbleibt ebenfalls, da diese Bestandteil einer codierten Nummer sind.

- ▦ - (Berechnungsfeld) Diese Tabellenspalten werden selbsttätig vom Programm berechnet und eingetragen, wenn die anderen Eingabespalten korrekt ausgefüllt und vom Programm akzeptiert wurden. Es wird also keine Eingabe erwartet und es ist auch nicht möglich Daten einzugeben, denn der Cursor überspringt diese Spalten.

4.6 Erläuterungen zu den Tabellenspalten-Überschriften, den zugehörigen Einheiten sowie zu eventuellen Berechnungsmodi und Bereichsgrenzen

Die den verschiedenen Tabellenarten untergeordneten Tabellenspalten-Überschriften werden im folgenden der Reihe nach aufgeführt. Der besseren Übersicht wegen sind die Symbolbuchstaben der Zeichenformat-Schablone für denjeweiligen Spaltenbereich, die in den Tabellenspalten evtl. verkürzten Überschriften der Bildschirm-Tabelle sowie die zugehörigen Maßeinheiten den jeweiligen Überschriften in runden Klammern angefügt.

Die Größen der verfügbaren Kapazität in der Maschinen-Tabelle werden auf eine Dezimale genau ausgerechnet und gerundet. Alle anderen errechneten Größen werden ebenfalls gerundet, jedoch ganzzahlig ausgegeben, wobei bei jeder Berechnung der Rechengenauigkeit wegen immer wieder von den eingegebenen Grunddaten ausgegangen wird.

4.6.1 Erläuterungen zur Einzelteil-Tabelle

Elementenzahl: 96	Einzelteil - Neueingabetabelle										So,den 09.12.1990	
Teile-benenng.	Typteile-nummer	Erzg. code	Arb-gang	TEB	Stück/ Monat	Bel-st/M	2-S.[%] 100| X%		3-S.[%] 100| X%		verwen. Masch.	Auswei-masch.
SSSSSSSS	JJJJJJJJJJ	SSSSS	JJJJ	III	IIIIII						JJJJJJJ	ssssss

```
Esc-Exit   F1-Hilfe   AltF1-Piep                                        F10-Merker
```

4.6.1.1 Teilebenennung ("S", Teile-benenng., -)

Die Teilebenennung beinhaltet den Namen eines Einzelteils je nach vorhandenem Platz in ausgeschriebener oder abgekürzter Form.

4.6.1.2 Typteilenummer ("J", Typteile-nummer, -)

Die Typteilenummer ist innerbetrieblich auf 10 Stellen festgelegt und codiert. Über die Typteilenummer ist ein Einzelteil eindeutig definiert.

4.6.1.3 Erzeugniscode ("S", Erzg.code, -)

Der Erzeugniscode ist ein festgelegtes Kürzel für ein
Erzeugnis, welches dadurch eindeutig definiert ist. Durch
diesen Code wird auch die programminterne Verbindung zur
Erzeugnis-Tabelle geknüpft. Der Erzeugniscode gibt an,
welchem Erzeugnis das entsprechende Einzelteil unterge-
ordnet ist.

4.6.1.4 Arbeitsgang ("J", Arb-gang, -)

Der Arbeitsgang ist innerbetrieblich auf 4 Stellen numerisch
codiert und legt damit die Vorgabezeit eindeutig fest.

4.6.1.5 Vorgabezeit ("I", TEB, Minuten)

Die Vorgabezeit TEB gibt an, wieviel Zeit in Minuten benötigt
werden, um einhundert gleichartige Einzelteile in dem
eingetragenen Arbeitsgang zu bearbeiten. Die Eingabe ist auf
3 Stellen begrenzt.

4.6.1.6 Stückzahl pro Monat ("I", Stück/Monat, Stück/Monat)

Die Stückzahl pro Monat ist ein retrograd geschätzter
Betrag, der die erwartete, zu produzierende Menge innerhalb
eines Monats angibt. Für die innerbetriebliche Verwendung
wurde eine maximal zulässige Stückzahl von 100000 Stück
festgelegt. Diese Begrenzung ist bei Bedarf auf maximal
999999 einstellbar. Bitte setzen Sie sich in einem solchen Fall
mit dem Autor in Verbindung.

4.6.1.7 Belegungsstunden pro Monat ("⋮", Bel-st/M, Stunden)

Die Spalte "Belegungsstunden pro Monat" wird selbständig aus der Vorgabezeit, der Stückzahl pro Monat und dem Leistungsfaktor folgendermaßen berechnet:

(TEB * Stück/Monat) / (Leistungsfaktor * 100)

Die Ausgabe der Belegungsstundenzahl pro Monat erfolgt normalerweise 4-stellig. Ergibt diese errechnete Größe aber einen 5- bzw. 6-stelligen Betrag, so werden dieser Größe nach einer entsprechenden und von Ihnen bejahten Abfrage in einem Hilfefenster folgende Stellenanzahl-Markierung angehängt:

- ! - bedeutet, daß die Belegungsstundenzahl 5-stellig ist

- !! - bedeutet, daß die Belegungsstundenzahl 6-stellig ist

4.6.1.8 Auslastungsgrad ("⋮", 2-S.[%] und 3-S-[%], %)

Die verschiedenen Auslastungsgrade werden wie folgt aus der Belegungsstundenzahl pro Monat und den entsprechenden verfügbaren Maschinenkapazitäten der zugehörigen Maschinengruppe berechnet:

Belegungsstundenzahl / verfügbare Kapazität

Diese Berechnung wird jeweils für die 4 folgenden Annahmen ausgeführt:

- *2-Schichtbetrieb, Maschinen-Nutzungsgrad 100%*
- *2-Schichtbetrieb, Maschinen-Nutzungsgrad X%*
- *3-Schichtbetrieb, Maschinen-Nutzungsgrad 100%*
- *3-Schichtbetrieb, Maschinen-Nutzungsgrad X%*

4.6.1.9 Verwendete Maschine ("J", verwen.Masch., -)

Die verwendete Maschine ist numerisch codiert und entspricht der Klassifizierungsnummer in der Maschinen-Tabelle. Sie ist somit eindeutig definiert und stellt die Verbindung zur Maschinen-Tabelle her. Aus der Maschinen-Tabelle wird für das aufgeführte Einzelteil die verfügbare Maschinenkapazität zur Berechnung der Auslastungsgrade herangezogen.

4.6.1.10 Ausweichmaschine ("s", Auswei-masch., -)

Der Eintrag in dieser Spalte ist rein informativ und gibt Aufschluß darüber, ob der vorliegende Arbeitsgang des genannten Einzelteils auch prinzipiell mit einer anderen Maschinengruppe ausgeführt werden könnte. Sinnvoll wäre für Sie in einem solchen Fall, die entsprechende Klassifizierungsnummer der Maschinengruppe einzutragen, möglich wären aber auch sonstige Anmerkungen oder Hinweise.

Elementenzahl: 11	Maschinen - Neueingabetabelle						So,den 09.12.1990		
Maschinengruppen benennung	Klass.- nummer	Bemerkung	MaE	Nutzg gradX	verf. Kap. 100%	2-S. X%	verf. Kap. 100%	3-S. X%	
SSSSSSSSSSSSSSSSSS	JJJJJ JJ	ssssssss	III	III					

Esc-Exit F1-Hilfe AltF1-Piep   F10-Merker

4.6.2 Erläuterungen zur Maschinen-Tabelle

4.6.2.1 Maschinengruppenbenennung ("S", Maschinengruppenbenennung, -)

Die Maschinengruppenbenennung gibt über die Art der Maschinengruppe Auskunft und löst dadurch sozusagen die codierte Klassifizierungsnummer auf.

4.6.2.2 Klassifizierungsnummer ("J", Klass.-nummer, -)

Die Klassifizierungsnummer gleicht der verwendeten Maschine in der Einzelteil-Tabelle (siehe 4.6.1.9) und stellt die Verbindung zu dieser dar.

4.6.2.3 Bemerkung ("s", Bemerkung, -)

In die Spalte Bemerkung können Einträge gemacht werden, die über Besonderheiten z.B. in der Austattung oder der Leistung einer Maschinengruppe informieren.

4.6.2.4 Maschinenanzahl ("I", MaE, Stück)

Die Maschinenanzahl (innerbetrieblich MaE = Maschinen und Einrichtungen) zeigt die Anzahl von technologisch gleichwertigen Maschinen in der aufgeführten Maschinengruppe an. Die maximal zulässige Maschinenanzahl wurde für die innerbetriebliche Verwendung auf 25 Stück begrenzt. Diese Grenze kann auf maximal 999 Stück heraufgesetzt werden. Setzen Sie sich bitte dazu mit dem Autor in Verbindung.

4.6.2.5 Nutzungsgrad X ("I", NutzggradX, %)

Der Nutzungsgrad X einer Maschinengruppe gibt Auskunft
über die praktische Effizienz einer Maschinengruppe. Von
dem theoretischen Nutzungsgrad von 100% einer Maschinengruppe müssen Stillstandszeiten wie Rüst-, Wartungs-
und Reparaturzeiten prozentual abgerechnet werden um auf
einen praxisnahen Wert zu kommen. Maximal kann "100"
eingegeben werden, denn Werte darüber ergeben keinen
Sinn.

Um die errechneten Auslastungsgrade in den Einzelteil-
tabellen in den Schranken der vorgegebenen Stellenzahl der
entsprechenden Tabellenspalten zu bewahren, wird programmintern untenstehende Berechnung ausgeführt, die das
kleinstmögliche Produkt von Maschinenanzahl und Nutzungsgrad X ermittelt. Dazu werden jeweils automatisch für die
variablen Parameter die in der momentanen Programm-
einstellung ungünstigsten Werte eingesetzt. Bei jedem
Maschineneintrag wird dann überprüft, ob das Produkt aus
Maschinenanzahl und Nutzungsgrad X über dem errechneten
Betrag liegt. Ist dies nicht der Fall, so wird Ihnen über ein
Hilfefenster ein erklärender Text ausgegeben, der auch diese
errechnete Zahl zur Kontrolle anzeigt.

*(max.TEB * max.Stückzahl proMonat) /*
*(Leistungsgrad * min.Schichtstundenzahl * 100)*

4.6.2.6 Verfügbare Kapazität ("⋮", verf. Kap. 2-S./3-S., Stunden)

Die verschiedenen Spalten für die verfügbare Kapazität werden wie folgt aus der Maschinenanzahl, der entsprechenden
Schichtstundenzahl und dem Nutzungsgrad X berechnet:

Verfügbare Kapazität bei 2-Schicht u.Nutz.gr. 100%
= Maschinenanzahl * 2-Schichtstundenzahl

Verfügbare Kapazität bei 2-Schicht u. Nutz.gr. X%
= Maschinenanzahl * 2-Schichtstundenzahl *
Nutzungsgrad X * 0,01

Verfügbare Kapazität bei 3-Schicht u.Nutz.gr. 100%
= Maschinenanzahl * 3-Schichtstundenzahl

Verfügbare Kapazität bei 3-Schicht u. Nutz.gr. X%
= Maschinenanzahl * 2-Schichtstundenzahl *
Nutzungsgrad X * 0,01

4.6.3 Erläuterungen zur Erzeugnis-Tabelle

Elementenzahl: 27	Erzeugnis - Neueingabetabelle			So,den 09.12.1990
Erzg. code	Erzeugnis- nummer	Erzeugnisbenennung	Bemerkung	Stück/ Monat
SSSSS	JJJJ JJJ JJJ	ssssssssssssssssssss	sssssssssssssssssssssssssssssssss	IIIIII

Esc-Exit   F1-Hilfe   AltF1-Piep   F10-Merker

4.6.3.1 Erzeugniscode ("S", Erzg.code, -)

Der Erzeugniscode in der Erzeugnis-Tabelle ist identisch mit dem Erzeugniscode in der Einzelteil-Tabelle (siehe 4.6.1.3) und stellt die Verknüpfung zu dieser dar.

4.6.3.2 Erzeugnisnummer ("J", Erzeugnisnummer, -)

Die Erzeugnisnummer ist innerbetrieblich auf 10 Stellen festgelegt und codiert. Über die Erzeugnisnummer ist ein Erzeugnis eindeutig definiert.

4.6.3.3 Erzeugnisbenennung ("s", Erzeugnisbenennung, -)

Bei der Erzeugnisbenennung handelt es sich um den genauen Produktnamen, wie er innerbetrieblich eingeführt ist und verwendet wird.

4.6.3.4 Bemerkung ("s", Bemerkung, -)

In der Spalte Bemerkung können Einträge gemacht werden, die über Besonderheiten z.B. in der Austattung oder Leistung eines Erzeugnisses informieren.

4.6.3.5 Stückzahl pro Monat ("I", Stück/Monat, Stück/Monat)

Die Stückzahl pro Monat in der Erzeugnis-Tabelle ist identisch mit der Stückzahl pro Monat in der Einzelteil-Tabelle (siehe 4.6.1.6). Beide Stückzahlen sind im Verhältnis 1:1 miteinander gekoppelt (siehe 5.6).

4.6.4 Erläuterungen zur Gesamtübersichts-Tabelle

| Elemente: 10/ 1 | Ges.übers. aller Einzelteile(num) | So,den 09.12.1990 |

Maschinengruppen benennung	Klass.-nummer	Nutzg gradX	Bel-st/M	bei Nutzungsgr.100%				bei Nutzungsgrad X			
				Kap2S	A2S	Kap3S	A3S	Kap2S	A2S	Kap3S	A3
INDEX E42	02056 00	95	330	1600	21	2250	15	1520	22	2138	
INDEX ERS60	02068 00	80	375	960	39	1350	28	768	49	1080	
PITTLER-Pimette	02069 00	75	676	960	70	1350	50	720	94	1013	
PITTLER NFL160	02260 00	90	1723	960	179	1350	128	864	199	1215	14
INDEX GU800	02260 04	86	886	960	92	1350	66	826	107	1161	
INDEX GFG250	02260 06	68	527	320	165	450	117	218	242	306	17
INDEX GE65	02261 00	67	270	320	85	450	60	214	126	301	
GILDEM GD200	02261 01	78	468	320	146	450	104	250	188	351	13
INDEX GB65	02261 02	95	609	320	190	450	135	304	200	428	14
INDEX GU600	02261 09	65	405	320	127	450	90	208	195	292	13

Esc-Exit   AltF1-Piep   StrgF1-Cursorfkt   F5-Sort   F8-Drucker

Da diese Tabelle eine reine Ausgabetabelle ist, werden hier nur die evtl. verkürzten Überschriften der Bildschirm-Tabelle und die zugehörigen Maßeinheiten in runden Klammern hinter den Tabellenspalten-Überschriften aufgeführt.

4.6.4.1 Maschinengruppenbenennung (Maschinengruppenbenennung,-), Klassifizierungsnummer (Klass.-nummer, -) und Nutzungsgrad X (NutzggradX, %)

Diese Angaben werden aus der Maschinen-Tabelle übernommen und sind daher mit ihnen identisch (siehe 4.6.2).

4.6.4.2 Gesamtbelegungsstunden pro Monat

Die Gesamtbelegungsstunden pro Monat werden durch Auf-
summieren aller im letzten Bildschirm gelisteter Einzelteile
separat für jede beteiligte Maschinengruppe ermittelt.

4.6.4.3 Verfügbare Kapazität (Kap2S / Kap3S, Stunden) und Auslastungsgrad (A2S / A3S, %)

Die verfügbaren Kapazitäten unter den 4 verschiedenen
Annahmen werden aus der Maschinen-Tabelle übernommen
(siehe 4.6.2.6). Die verschiedenen Auslastungsgrade werden
wie in der Einzelteil-Tabelle ermittelt (siehe 4.6.1.8). Dabei
werden hier jedoch die Gesamtbelegungsstunden pro Monat
eingerechnet.

4.6.5 Erläuterungen zur Summierungs-Tabelle

Summ. Tab. bei Nutzgr. 100 %	Belegung	Kap. 2-S.	Asl.2	Kap. 3-S.	Asl.
Gelistete Maschinen zusammen	6269 Std.	7040 Std.	89 %	9900 Std.	63

Diese Tabelle ist ebenfalls eine reine Ausgabetabelle, wird jedoch nur direkt nach dem Ausdruck einer Gesamtübersicht ausgedruckt und ist nur für diesen Fall konzipiert. Alle Einträge sind der Gesamtübersicht summarisch entnommen. Die Summierungs-Tabelle bezieht sich nur auf den festeingestellten Maschinen-Nutzungsgrad von 100%, der Nutzungsgrad X wirkt sich in dieser Tabelle also nicht aus.

4.7 Tastenbefehle in der Neueingabe-Tabelle

4.7.1 Tasten zur Cursorsteuerung in der Neueingabe-Tabelle

Alle Cursortasten wurden so belegt, daß die zugewiesenen Cursorfunktionen dem allgemeinen Textsystem- bzw. Editorstandard entsprechen und ein hohes Maß an Bedienungsfreundlichkeit geboten werden kann. Nachstehend sind die Eingabe-Cursorfunktionen aufgelistet (selbstverständlich werden die Cursorbewegungen durch den Tabellenanfang und das Tabellenende begrenzt):

< → > Der Cursor bewegt sich um eine Position vorwärts

< ← > Der Cursor bewegt sich um eine Position zurück

<Pos1> Der Cursor bewegt sich an den Anfang der ersten Eingabespalte von links

<Ende> Der Cursor bewegt sich an den Anfang der letzten Eingabespalte

< ⇄ > Vorwärtstabulator (der Cursor bewegt sich jeweils an den Anfang der nächsten Spalte, in der letzten Spalte beginnt er wieder mit der ersten Spalte)

<Strg> + < ← >
Rückwärtstabulator (der Cursor bewegt sich jeweils an den Anfang der vorigen Spalte und bleibt bei Erreichen der ersten Spalte stehen)

<Entf> Das Zeichen an der momentanen Cursorstelle wird
gelöscht

<←—> Das vorige Zeichen wird gelöscht und der Cursor
bewegt sich um eine Position rückwärts

4.7.2 Funktionstasten in der Neueingabe-Tabelle

Alle in der Neueingabe-Tabelle möglichen Funktionstastenbefehle werden mittels einer Menüleiste am unteren
Bildschirmrand angezeigt.

<Esc> Zurück zum Pulldownmenü
<F1> Hilfefenster und Zeichenformat-Schablone wird akti-
viert

<Alt> + <F1>
Signalton wird ein- bzw. ausgeschaltet

<F10> Merker wird aktiviert, d.h. die momentan bearbeitete
Eingabezeile bleibt nach dem Abspeichern in der
oberen Zeile (rot) stehen und muß bei direkt
folgender ähnlicher Eingabe nicht nochmals komplett
geschrieben werden

<Return>
Eingabezeile wird zum Abspeichern abgeschickt; davor
werden aber zuerst die Bereichsüberprüfungs-, Such-
und Vergleichsroutinen sowie die Berechnungs-
prozesse ausgeführt

5. Veränderungseingabe programmspezifischer Daten und programminterne Überprüfungsabläufe

5.1 Allgemeines

Ist eine Dateneingabe in sich logisch und wurde diese von der "intelligenten" Eingabe akzeptiert, so kann diese noch nicht in die Zieldatei geschrieben werden. Vielmehr müssen zuerst einige aufwendige Überprüfungs- und Vergleichsoperationen vom Programm ausgeführt werden. Denn es darf nicht möglich sein, daß eine Datenzeile doppelt eingegeben werden kann, oder das gleiche Datenelement mehrfach mit unterschiedlichen Betriebsparametern vorhanden ist. Dies würde nämlich die programmtechnischen Berechnungs-, Sortierungs- und Suchverfahren in Frage stellen und die berechneten Ergebnisse wertlos machen. Deshalb ist dieses Programm mit komfortablen Vergleichs- und Überprüfungsroutinen ausgestattet, die in ausführlich beschriebenen Hilfefenstern ihre Prozessergebnisse an den Benutzer mitteilen und ihm so in nahezu jeder Programmsituation ein Eingreifen ermöglichen. Um die Überprüfungslaufzeit möglichst gering zu halten, nimmt das Programm je nach Veränderungsart Fallunterscheidungen vor, von denen drei in ihrer groben Stuktur im übernächsten Abschnitt deutlich gemacht werden.

5.2 Erklärung des Displays der Veränderungs-Tabelle

Im Gegensatz zur Neueingabe-Tabelle werden hier dagegen
zur aufgerufenen Veränderungs-Tabelle gleich alle existie-
renden Elemente der jeweiligen Datei miteingeblendet bzw.
werden durch Verfahren des grünen Cursorbalkens er-
reichbar.

Im linken oberen Feld · der Veränderungs-Tabelle wird in
schwarzer Schrift auf grauem Untergrund die
Gesamtelementeanzahl der gelisteten Elemente sowie die
Nummer des aktuellen Elements, auf dem gerade der
Cursorbalken steht, angezeigt.

Im Feld daneben werden weiß auf violett die Tabellen- sowie
die Sortierungsart der gelisteten Teile eingeblendet.

Wie die Neueingabe-Tabelle ist auch die Veränderungs-
Tabelle mit den Angaben Tag, Datum und Befehlsleiste
versehen.

5.3 Festlegung der Begriffe

Zur näheren Erläuterung der Überprüfungsroutinen ist die
Einführung folgender Begriffe notwendig:

5.3.1 Such-Kerndaten

Die Durchsuchungsroutine verwendet bei der Suche nach
evtl. schon vorhandenen Elementen die Daten, die
ausreichen, um ein Element gerade eindeutig zu beschreiben.
Diese werden nachfolgend als die Such-Kerndaten bezeichnet.
In der Einzelteil-Tabelle sind dies Typteilenummer,
Erzeugniscode und Arbeitsgang, denn die Veränderung nur

einer dieser Komponenten würde ein neues Element festlegen.
Nur wenn alle 3 Komponenten übereinstimmen, handelt es
sich um dasselbe Element.
Die Such-Kerndaten in der Maschinen-Tabelle sind auf die
Klassifizierungsnummer beschränkt, denn dadurch ist hier
schon eine Maschine eindeutig definiert.
In der Erzeugnis-Tabelle, wo die Durchsuchungsroutine
wegen der doppelten eindeutigen Definition über Erzeugniscode und Erzeugnisnummer zweifach ausgeführt werden muß,
werden zuerst der Erzeugniscode und dann die
Erzeugnisnummer als Such-Kerndaten verwendet.

5.3.2 Vergleichs-Kerndaten

Wurde durch den Durchsuchungsvorgang das gleiche, schon
vorhandene Element entdeckt, d.h. die Such-Kerndaten waren
übereinstimmend, so wird mittels den Vergleichs-Kerndaten
überprüft, ob ein inhaltlicher und somit ein für die
Rechenoperationen auswirkender Unterschied zwischen altem,
schon vorhandenem Element und dem von Ihnen neu
eingetragenen vorliegt. Ist dies der Fall, muß nämlich bei
einer von Ihnen gewünschten Überschreibung des alten
Elements aus einer Maschinen- oder Erzeugnis-Tabelle
zusätzlich zu der Neuberechnung des Elements selbst eine
wahlweise Aktualisierung oder Löschung der zugehörigen
Einzelteile in Gang gesetzt werden, bzw. wenn Sie eine
Einzelteil-Tabelle aufgerufen haben, nur eine Neuberechnung
des Einzelteils durchgeführt werden.
Die Vergleichs-Kerndaten der Einzelteil-Tabelle sind Teile-
benennung, Vorgabezeit und verwendete Maschine.
In der Maschinen-Tabelle sind dies Maschinenanzahl und
Nutzungsgrad X.
Für die Erzeugnis-Tabelle werden aus den Angaben
Erzeugniscode und Erzeugnisnummer jeweils diejenigen als

Vergleichs-Kerndaten verwendet, die gerade nicht als Such-Kernangabe eingesetzt sind.

5.3.3 Nebendaten

Nebendaten sind die Einträge eines Elements, welche sich nicht in der Berechnung auswirken. Dazu werden aber auch die Stückzahlen pro Monat gezählt, da sich diese infolge ihrer häufigen Veränderung programmintern der Laufzeit wegen in einem Sonderstatus befinden.

Die Nebendaten können immer dann, wenn das Programm eine Kerndaten-Übereinstimmung festgestellt hat, durch die Einblendung der gesamten Datenzeile des schon bestehenden Elements unter der aktiven Veränderungszeile verglichen werden.

Im folgenden sollen, anhand der Überprüfung der Einzelteildaten, die Leistungen der Prüfungsroutinen kurz erläutert werden.

5.4 Verändern von Einzelteildaten

Elemente: 48/ 1	Einzelteil-Veränderungstab. (num)	So,den 09.12.1990

Teile-benenng.	Typteile-nummer	Erzg.code	Arb-gang	TEB	Stück/Monat	Bel-st/M	2-S.[%] 100	X%	3-S.[%] 100	X%	verwen. Masch.	Auswei-masch.
Lagerbu.	1610590003	GBH5n	1080	230	6000	186	19	19	14	14	0394230	
Exz.bo	1613180002	UBH4	1130	376	2000	101	11	11	8	8	0394231	
Aufn.fla	1615700026	GSH5n	1120	540	1700	124	13	13	9	9	0394230	
Fhgrohr	1615806031	UBH3	1210	688	2100	195	15	15	11	11	0394232	
FHR.ROHR	1615806034	USH10	1030	561	3500	265	83	83	59	59	0394400	
Fhgrohr	1615806034	UBH12	1130	761	1100	113	35	35	25	25	0394400	
Fhgrohr	1615806034	USH10	1130	661	3500	312	98	98	69	69	0394400	
Hammrohr	1615806036	UBH12	1050	651	1100	97	30	30	21	21	0394400	
Hammrohr	1615806073	GBH7	1150	778	4000	420	33	33	23	23	0394232	
Hammrohr	1615806086	GSH5n	1090	596	1700	137	14	14	10	10	0394230	
Hammrohr	1615806086	GSH5n	1160	480	1700	110	9	9	6	6	0394232	
Hammrohr	1615806089	GBH5n	1090	520	6000	421	44	44	31	31	0394230	
Hammrohr	1615806089	GBH5n	1160	600	6000	486	38	38	27	27	0394232	
Fhgrohr	1615806090	GBH5n	1050	552	6000	447	35	35	25	25	0394232	
Fhgrohr	1615806090	GBH5n	1160	504	6000	408	32	32	23	23	0394232	
Fhgrohr	1615806090	GBH5n	1180	504	6000	408	32	32	23	23	0394232	
Exz-zrad	1616110029	UBH12	1060	393	1100	58	6	6	4	4	0394230	

Esc-Exit AltF1-Piep F2-Schreib F3-Einzte F5-Sort F6-Lösch F7-Gesübers F8-Druck

Der Überprüfungsaufwand bei den Einzelteildaten ist am größten, da diese ja mit den Maschinendaten und den Erzeugnisdaten verknüpft sind. Es wird zuerst kontrolliert, ob die zugehörige Maschinen- und Erzeugnisdatei angelegt ist. Desweiteren muß darin die in der Einzelteildatei eingetragene Maschine als auch das Erzeugnis vorhanden sein, denn sonst ist eine Berechnung der fehlenden Daten wegen nicht möglich.

Als nächstes wird überprüft, ob das eingegebene Einzelteil nicht schon vorhanden ist. Dies geschieht dadurch, daß die komplette Einzelteildatei nach den Such-Kerndaten des eingegebenen Einzelteils, wie oben ausgeführt, durchsucht wird. Die Such-Kerndaten setzen sich bei den Einzelteilen aus der Typteilenummer, dem Erzeugniscode und dem Arbeitsgang zusammen. Wenn alle 3 Angaben bei einem alten und einem neu eingegebenen Element übereinstimmen, handelt es sich um dasselbe Einzelteil und darf somit nicht in die Einzelteildatei zugelassen werden. Zum direkten Vergleich wird Ihnen die schon vorhandene Einzelteilzeile komplett mit Nebendaten zu der von Ihnen eingegebenen eingeblendet, und ein Hilfefenster erklärt Ihnen die Situation. Sie können nun entscheiden, ob die alten Daten durch Ihre neuen überschrieben werden sollen. Vielleicht fällt Ihnen dann aber auch auf, daß Sie nur einen Tippfehler gemacht haben, der zufällig dazu führte, daß Ihr eingetragenes Element einem schon vorhandenen entspricht. Falls Sie im Änderungsmodus ein Einzelteil verändert haben und dieses zum Abspeichern geschickt haben, könnte es ja auch vorkommen, daß in der Datei schon dieses veränderte Einzelteil existiert. Dies wird selbstverständlich aufgespürt, und falls Sie sich dann für das Überschreiben entscheiden, wird das Programm das an anderer Stelle befindliche Einzelteil überschreiben. Das Einzelteil, auf dessen Zeile Sie die Veränderung vorgenommen haben, wird wieder auf seinen Ausgangsstatus zurückgeschrieben. Falls sich das an anderer Stelle befindliche Einzelteil auf dem Bildschirm befindet, wird die Veränderung hier vom Programm sogar direkt sichtbar vollzogen.

5.5 Verändern von Maschinendaten

Elemente: 12/ 1		Maschinen - Veränderungstab.(num)					So,den 09.12.1990	
Maschinengruppen benennung	Klass.- nummer	Bemerkung	MaE	Nutzg gradX	verf. Kap. 2-S. 100%	X%	verf. Kap. 3-S. 100%	X%
INDEX E42	02056 00		5	90	1600.0	1440.0	2250.0	2025.0
INDEX ERS60	02068 00		3	95	960.0	912.0	1350.0	1282.5
PITTLER-Pimette	02069 00		3	80	960.0	768.0	1350.0	1080.0
PITTLER NFL160	02260 00		3	65	960.0	624.0	1350.0	877.5
INDEX GU800	02260 04		3	78	960.0	748.8	1350.0	1053.0
INDEX GFG250	02260 06		1	86	320.0	275.2	450.0	387.0
INDEX GE65	02261 00		1	55	320.0	176.0	450.0	247.5
GILDEM GD200	02261 01		1	90	320.0	288.0	450.0	405.0
INDEX GB65	02261 02		1	85	320.0	272.0	450.0	382.5
INDEX GU600	02261 09		1	67	320.0	214.4	450.0	301.5
INDEX GSG	11111 11	ab 1991	1	95	320.0	304.0	450.0	427.5
INDEX GSG	22222 22		1	95	320.0	304.0	450.0	427.5

Esc-Exit AltF1-Piep F2-Schreib F3-Einzte F5-Sort F6-Lösch F7-Gesübers F8-Druck

Werden bestehende Maschinen-Kerndaten verändert, so hat dies Auswirkungen auf alle Einzelteile des momentan aktiven Maschinenparks, die die betreffende Maschine in der Spalte "verwendete Maschine" zugeordnet haben. Dies bedeutet, daß alle zugeordneten Einzelteile ermittelt und entsprechend angepasst werden müssen. Dies wird auf Wunsch vom Programm automatisch vorgenommen. Außerdem besteht die Möglichkeit alle zugeordneten Einzelteile zu löschen.

5.6 Verändern von Erzeugnisdaten

Elemente: 27/ 1		Erzeugnis - Veränderungstab.(num)	So,den 09.12.1990	
Erzg. code	Erzeugnis- nummer	Erzeugnisbenennung	Bemerkung	Stück/ Monat
HILTI	0001 349 000	Winkelschleifer Gr.9	nur fuer Hilti	4000
BHckd	0011 203 000	6-Kg-Hammer		2000
SH5us	0011 309 000	5kg-Schlaghammer	USA-Ausfuehrung	1
WS106	0601 331 000	ZHWS Gr.106		500
WS090	0601 351 003	ZHWS-Gr9	Gesamt-Stueckzahl	50000
GKS54	0601 555 555	Gew. Kreissaege 54		1
GHO 3	0601 592 000	Gew.Handhobel 3-82		2500
PKS54	0603 223 000	Profi-Kreissaege 54		10000
PKE40	0603 227 000	Profi-Kettensaege 40		4000
PKS66	0603 234 000	Profi-Kreissaege 66		10000
UBH4	0611 205 000	4-Kg-Bohrhammer	kleine Keilwelle	2000
UBH6	0611 206 000	6-Kg-Bohrhammer	alt	1500
UBH3	0611 207 000	3-Kg-Bohrhammer		2100
GBH6	0611 208 000	6-Kg-Bohrhammer	alt	1
UBH12	0611 209 000	12-Kg-Bohrhammer		1100
UBH2	0611 210 000	2kg-Bohrhammer		45000
UBH4S	0611 211 000	4-Kg-Bohrhammer	SDS plus	650

Esc-Exit AltF1-Piep F2-Schreib F3-Einzte F5-Sort F6-Lösch F7-Gesübers F8-Druck

Da in der Erzeugnis-Tabelle zwei Angaben vorhanden sind, die sich in gleicher Weise für eine eindeutige Erzeugnisidentifizierung eignen, muß eine 2-fache Durchsuchungsroutine eingesetzt werden. Nur so wird gewährleistet, daß die beiden als Identifizierungspaar exklusiv verknüpften Kerndaten Erzeugniscode und Erzeugnisnummer nicht noch in Verbindung mit einer anderen Identifizierungsangabe aus der Erzeugnis-Tabelle stehen, was zu großen Mißverständnissen führen würde.

Die Veränderung von Erzeugnisdaten läuft im großen und ganzen wie bei den Maschinendaten ab. Im Realdaten-Modus werden jedoch entsprechende Datenänderungen auf alle zugehörigen Einzelteile aller Maschinenparks bezogen. Durch diese globale Maßnahme wird Ihnen bei Erzeugnisstückzahl-

Änderungen oder Erzeugniscode-Änderungen viel Arbeit abgenommen. Bei Änderung einer Erzeugnisstückzahl hat dies die Folge einer verhältnismäßigen Anpassung der zugehörigen Einzelteilstückzahlen, d.h. daß die Stückzahlenverhältnisse von alter und neuer Stückzahl bei Erzeugnis und Einzelteil gleich sind. Wurde beispielsweise eine Erzeugnisstückzahl von 100000 auf 200000 erhöht, so wird eine zugehörige Einzelteilstückzahl mit bisher 4000 Stück auf 8000 Stück erhöht.

5.7 Tastenbefehle in der Veränderungs-Tabelle

5.7.1 Definition der Programmebenen

Je nach Elementenauswahl können im Veränderungs-Modus drei Programmebenen durchlaufen werden, die ihrerseits über eine bestimmte Anzahl von Tastenbefehlen verfügen.

5.7.1.1 Programmebene 1

Die erste Ebene ist dadurch charakterisiert, daß Sie direkt vom Pulldown-Menü aus eine Elementenauswahl treffen. Für die verschiedenen Änderungsvorhaben stehen für die Einzelteile und Erzeugnisse jeweils drei mögliche Menüpunkte zur Auswahl, die sich durch die Art der veränderbaren Daten unterscheiden:

Beim jeweils ersten Menüpunkt kann in der Veränderungs-Tabelle nur die Stückzahl abgeändert werden, was in der Praxis wohl am häufigsten verlangt sein dürfte. Dazu steht hier der Cursor schon beim Eröffnen der Überschreibefunktion am linken Rand der Stückzahlenspalte und es kann damit auf das Verfahren des Cursors auf diese Position verzichtet werden.

Im jeweilig zweiten Wahlpunkt, ist nur eine Änderung der anderen Daten, nicht aber der Stückzahl möglich. Der dritte Auswahlpunkt bietet die Änderung aller Eingabedaten an.

- *Änderung Stück*   ---> *Menüpunkt 3.1*
- *Änderung Daten*   ---> *Menüpunkt 3.2*
- *Änderung Gesamt* ---> *Menüpunkt 3.3*

Soll eine Änderung einer Maschine vorgenommen werden steht folgender Menüpunkt zur Verfügung:

- *Änderung Gesamt ---> Menüpunkt 4.1*

Um Erzeugnisdaten zu ändern haben Sie wieder, wie bei den Einzelteilen, drei Möglichkeiten:

- *Änderung Stück ---> Menüpunkt 5.1*
- *Änderung Daten ---> Menüpunkt 5.2*
- *Änderung Gesamt ---> Menüpunkt 5.3*

5.7.1.2 Programmebene 2

Die zweite Ebene erreichen Sie, wenn Sie aus der Auswahl der ersten Ebene heraus eine Gruppe von Einzelteilen ausgesucht haben, die Sie nun bearbeiten möchten.
Bestand auf der ersten Ebene eine Einzelteil-Tabelle, so konnten Sie Einzelteile nach der Teilangabe von Teilebenennung oder Typteilenummer auswählen.
Hatten Sie auf der ersten Ebene eine Maschinen- oder Erzeugnis-Tabelle, so konnten Sie alle Einzelteile mit der gleichen verwendeten Maschine bzw. mit dem gleichen Erzeugniscode aussortieren. (Die Handhabung der Einzelteil-Auswahlverfahren wird unter 5.7.3.6 beschrieben).

5.7.1.3 Programmebene 3

Die dritte Ebene kann sowohl von der zweiten Ebene als auch direkt von der ersten Ebene aus erreicht werden, wenn in dieser Einzelteile aufgelistet wurden. Diese Ebene stellt eine reine Ausgabe-Tabelle dar, die die in der vorigen Ebene aufgelisteten Einzelteile als Gesamtauslastungs-Übersicht darstellt.

5.7.2 Tasten zur Cursorsteuerung in der Veränderungs-Tabelle

Alle Cursortasten wurden so belegt, daß die zugewiesenen Cursorfunktionen dem allgemeinen Textsystem- bzw. Editorstandard entsprechen und ein hohes Maß an Bedienungsfreundlichkeit geboten werden kann. Selbstverständlich werden die Cursorbewegungen durch den Tabellenanfang und das Tabellenende begrenzt, außerdem wird der Tabelleninhalt durch entsprechendes "Scrolling" verschoben, damit auf jedes Element zugegriffen werden kann. Nachstehend sind die Veränderungs-Cursorfunktionen aufgelistet, die übrigens in allen 3 Programmebenen in der dargestellten Weise funktionieren:

< ↑ > Der Cursorbalken wandert eine Zeile nach oben

< ↓ > Der Cursorbalken wandert eine Zeile nach unten

\<Bild↑> Der Cursorbalken wandert 10 Zeilen nach oben

\<Bild↓> Der Cursorbalken wandert 10 Zeilen nach unten

\<Pos1> Der Cursorbalken wandert zum ersten Element

\<Ende> Der Cursorbalken wandert zum letzten Element

\<Strg> + \<Pos1>
        Der Cursorbalken wandert 16 Zeilen nach oben

\<Strg> + \<Ende>
        Der Cursorbalken wandert 16 Zeilen nach unten

Die beiden letzten Befehle können auch dazu verwendet werden um das erste bzw. letzte Element des Bildschirms anzusteuern.

5.7.3 Funktionstasten in der Veränderungs-Tabelle

Nachstehend werden die Belegung der verwendeten Funktionstasten aller 3 Programmebenen aufgeführt, wobei für das bessere Verständnis hinter der eigentlichen Überschrift in runden Klammern die zugehörige Taste, der zugehörige Befehl in der Befehlsleiste sowie die Nummern der Programmebenen, von denen der Befehl ausgeführt werden kann, angefügt sind. Bis auf die Kombinations-Ausdruck-Tastenkombination <Strg> + <F8> werden in allen drei Programmebenen die darin möglichen Funktionstastenbefehle mittels einer Menüleiste am unteren Bildschirmrand angezeigt.

5.7.3.1 Zurückspringen in das Pulldownmenü (<Esc>, Exit, 1, 2, 3)

Dieser Befehl dient dazu, die momentan gewählte Veränderungs-Tabelle zu verlassen, um im Hauptmenü (Pulldownmenü) eine neue Auswahl zu treffen.

5.7.3.2 Funktionstasten-Hilfefenster (<F1>, - , 1, 2, 3)

Der in der Veränderungs-Tabelle befindliche Hilfetext des entsprechenden Fensters, enthält alle direkt belegten Funktionstastenbefehle der jeweiligen Programmebene.

5.7.3.3 Cursorbewegungstasten-Hilfefenster (<Strg>+<F1>, Cursorfkt, 1, 2, 3)

Dieses Hilfefenster informiert über die möglichen Cursorbewegungs-Funktionen der Veränderungs-Tabelle.

5.7.3.4 Schalten des Signaltons (⟨Alt⟩+⟨F1⟩, Piep, 1, 2, 3)

Mit diesem Befehl wird der Signalton ein- bzw. ausgeschaltet. Dies gilt nicht für das Warnsignal, das vor dem Löschen von Maschinen- oder Erzeugnisdaten ertönt. Die Grundstellung dieses Schalters ist ein, d.h. bei jedem neuen Start des Kapazitäts-Planungsprogramms wird der Signalton eingeschaltet.

5.7.3.5 Verändern bestehender Daten (⟨F2⟩, Schreib, 1, 2)

Dieser Befehl dient dazu, die Option "Verändern bestehender Daten" (siehe auch 5.3) zu ermöglichen. Der sonst grüne Cursorbalken wird dabei rot markiert und der erscheinende Cursor blinkt an der erstmöglichen Eingabestelle. Von diesem Augenblick an sind nur noch die Tastenbefehle der Neueingabe-Tabelle (siehe 4.7) in Betrieb. Die entsprechende andere Funktionstastenbelegung wird in der Befehlsleiste angezeigt.

Möchten Sie eine Maschine oder ein Erzeugnis aus der dazugehörenden Datei ändern, so wird Ihnen angezeigt, ob und wieviele Einzelteile zugeordnet sind. Durch Abfragen mittels Hilfefenster bietet Ihnen dieses Programm nun die Möglichkeit einer Aktualisierung oder Löschung dieser Einzelteile. Entscheiden Sie sich für eine Aktualisierung, so werden analog Ihrer eingegebenen Veränderung die veränderten Angaben neu eingetragen, bzw. eine Neube-rechnung der Einträge der zugehörigen Einzelteile in der Einzelteildatei vorgenommen. Möchten Sie mit Ihrer Elementänderung die zugehörigen Einzelteile löschen, so wird dieser globale Befehl nur dann ausgeführt, wenn Sie vorher den Security-Schalter im Menüpunkt 6.2 passiviert haben. Eigens bei der Erzeugnisänderung im offenen Realdaten-Modus beziehen sich die oben gemachten Ausführungen nicht nur auf die Einzelteile des aktuellen Maschinenparks, sondern auf alle Einzelteile aller Maschinenparks, welche im

Menüfenster 2 des Pulldownmenüs aufgeführt sind. Ein zusätzliches Hilfefenster macht Sie auf diese Auswirkung aufmerksam und zeigt zusätzlich die Anzahl der vorhandenen Maschinenparks an. Im nächsten Fenster stellt die Zahl der zugeordneten Einzelteile dann die Gesamtzahl aller Einzelteile in allen Maschinenparks dar.

Das Überschreiben Ihres Elements ist dann beendet, wenn der Cursorbalken wieder grün gefärbt Ihre eingegebenen Daten beinhaltet.

5.7.3.6 Auswählen von Einzelteilen (⟨F3⟩, Einzte, 1)

Hierdurch können Einzelteile je nach momentan gewählter Tabelle nach verschiedenen Kriterien ausgewählt werden:
- Haben Sie momentan eine Einzelteil-Tabelle auf dem Bildschirm, so wirkt sich diese Taste so aus, daß Ihnen die Möglichkeit einer Einzelteilauswahl nach vorzugebender Teilebenennung oder Typteilenummer angeboten wird. Möchten Sie diese Möglichkeit nutzen, so brauchen Sie nur Ihren Wünschen gemäß zu wählen:
Bei Eingabe von Teilebenennung oder Typteilenummer steht es Ihnen frei, ob Sie nach einer speziellen Bezeichnung suchen, indem Sie die gesamte Suchbezeichnung in das vorgesehene Feld im Hilfefenster eingeben, oder ob Sie nach mehreren Bezeichnungen suchen, die in der Bezeichnung das gleiche Anfangssegment aufweisen. Dabei bestimmen Sie die Länge des einzugebenden Suchsegments. Wenn Sie zum Beispiel die Auswahl nach Typteilenummer gewählt und das Segment "1618" eingetragen haben, so werden Ihnen in der folgenden Tabelle alle Einzelteile gelistet, deren Typteilenummer mit dem Segment "1618" beginnt.

- Ist die Ausgangstabelle eine Maschinen-Tabelle, so werden in der folgenden Tabelle alle Einzelteile des aktuellen Maschinenparks gelistet, die dieselbe Maschine in der

Spalte "verwendete Maschine" aufweisen. Die Wahl der betreffenden Maschine erfolgt vor dem Drücken der Taste <F3> durch einfaches Markieren der gewünschten Maschinenzeile mit dem grünen Cursorbalken.

- Ist die Ausgangstabelle eine Erzeugnis-Tabelle, so werden in der folgenden Tabelle alle Einzelteile des aktuellen Maschinenparks gelistet, die dasselbe Erzeugnis in der Spalte "Erzeugniscode" aufweisen. Die Wahl des betreffenden Erzeugnisses erfolgt vor dem Drücken der Taste <F3> durch einfaches Markieren der gewünschten Erzeugniszeile mit dem grünen Cursorbalken.

5.7.3.7 Sortieren der gelisteten Elemente (<F5>, Sort, 1, 2, 3)

Die Sortierungsroutine sortiert die gelisteten Elemente nach der Benennung (alphabetisch) oder nach der Nummer (numerisch). Bei den Einzelteilen wird die Sortierung also nach der Teilebenennung oder der Typteilenummer, bei den Maschinen nach der Maschinengruppenbenennung oder der Klassifizierungsnummer und bei den Erzeugnissen nach dem Erzeugniscode oder der Erzeugnisnummer durchgeführt. Grundsätzlich werden beim Aufrufen einer Veränderungs-Tabelle die Elemente immer numerisch sortiert. Die jeweilig getroffene Sortierungsart wird in dem lilafarbenen Überschriftenfeld der Tabelle durch "num" für die numerische und "alp" für die alphabetische Sortierung angezeigt.

5.7.3.8 Löschen von Elementen (<F6>, Lösch, 1, 2)

Mit diesem Befehl lassen sich Einzelelemente aus der betreffenden Datei entfernen. Der sonst grüne Cursorbalken wird dazu schwarz markiert und ein Hilfefenster klärt Sie über die evtl. Konsequenzen des Befehls auf. Möchten Sie nämlich eine Maschine oder ein Erzeugnis aus der dazugehörenden Datei löschen, so wird Ihnen angezeigt daß und wieviele Einzelteile im aktuellen Maschinenpark zugeordnet sind. Wenn Sie dann die globale Löschung Ihres Befehls bestätigen, werden Ihr gewähltes Element und alle zugeordneten Einzelteile nur dann gelöscht, wenn Sie vorher den Security-Schalter im Menüpunkt 6.2 passiviert haben. Eigens bei der Erzeugnislöschung im Realdaten-Modus beziehen sich die oben gemachten Ausführungen nicht nur auf die Einzelteile des aktuellen Maschinenparks, sondern auf alle Einzelteile aller Maschinenparks, welche im Menüfenster 2 des Pulldownmenüs aufgeführt sind. Ein zusätzliches Hilfefenster macht Sie auf diese Auswirkung aufmerksam und zeigt zusätzlich die Anzahl der vorhandenen Maschinenparks an. Im nächsten Fenster stellt die Zahl der zugeordneten Einzelteile dann die Gesamtzahl aller Einzelteile in allen Maschinenparks dar.

Die Ausführung des Löschbefehls ist dann beendet, wenn das schwarz markierte Teil verschwunden und der wieder grün gefärbte Cursorbalken an der Stelle des nächsten Elements steht.

5.7.3.9 Gesamtübersicht (<F7>, Gesübers, (1), 2)

Da dieser Befehl die Auslastung der gelisteten Einzelteile auf alle betroffenen Maschinen des gesamten aktuellen Maschinenparks anzeigt, ist dies von der ersten Programmebene nur dann möglich, wenn Sie darin Einzelteile gelistet haben.

Die Gesamtübersicht kommt dadurch zustande, daß jeweils die Belegungsstundensumme aller gelisteten Einzelteile einer Maschinengruppe mit den verfügbaren Maschinenkapazitäten ins Verhältnis gebracht wird. Für die 4 Annahmen, die sich aus Schichtart und Nutzungsgrad der Maschinengruppen ergeben (siehe 4.6.1.8), wird so der Auslastungsgrad für alle 4 Fälle ermittelt und angezeigt.

5.7.3.10 Ausdrucken der gelisteten Tabelle (⟨F8⟩, Druck, 1, 2, 3)

Dieser Befehl druckt Ihnen die komplette gelistete Tabelle aus.

Das erste Ausgabeblatt zeigt Ihnen in einem separaten Rahmen im Seitenkopf von links nach rechts den beim Ausdruck eingestellten Daten-Modus, den aktuellen Maschinenpark, sowie Wochentag, Ausdruckdatum und -zeit. Danach und bei jeder neuen Seite wird der in einem neuen Rahmen beginnende Tabellenkopf ausgedruckt. Dieser weicht in der ersten Zeile von dem im Bildschirm gezeigten ab: Es wird hier von links nach rechts die Anzahl der ausgedruckten Elemente, die Tabellenart mit der Art der Sortierung, in runden Klammern die vom Benutzer eingestellten Parameter Leistungsgrad und Schichtstundenanzahl für 2- und 3-Schicht sowie die Seitenzahl ausgegeben. Darunter erscheinen wie auf Ihrem Bildschirm die einzelnen Tabellenspalten-Überschriften. Für die dann folgenden Elemente wurde für die erste Seite eine Maximalanzahl von 54 und für alle weiteren Seiten eine Maximalanzahl von 58 Elementen vorgesehen. Übersteigt die Anzahl der auszudruckenden Elemente auf eine Seite diese Maximalanzahl, so wird eine nächste Seite mit dem oben beschriebenen Tabellenkopf begonnen (siehe 7.2).

Wenn Sie dabei sind, Einzelteildaten auszudrucken, werden Sie gegen Ende Ihres Ausdruckvorgangs über ein Hilfefenster gefragt, ob Sie die zugehörende Gesamtübersicht in direkter Folge an Ihren momentanen Druckvorgang anschließen möchten. Wenn Sie sich dafür entschieden, danach die zugehörige Geamtübersicht mit der ⟨F7⟩ - Taste aufgerufen und wieder Ihren Druckwunsch mit der ⟨F8⟩ - Taste bestätigt haben, wird programmintern geprüft ob die letzte Seite noch so viel freien Platz besitzt, daß der Gesamtübersichten-Tabellenkopf, die dazugehörenden Spalten-Überschriften und mindestens eine Elementenzeile darauf abgedruckt werden kann. Ist dies der Fall, so wird der

Restplatz der letzten Seite ausgenutzt und für die übrigen Elemente mit einer neuen Seite in der oben geschilderten Weise begonnen. Reicht der Restplatz für den Beginn eines Ausdrucks der Gesamtübersicht nicht aus, wird direkt mit einer neuen Seite begonnen. Falls Sie schon von vornherein wissen, daß die Gesamtübersicht zusammen mit einer Einzelteil-Tabelle benötigt wird, steht Ihnen auch die Möglichkeit offen, den Befehl zum Kombinations-Ausdruck (siehe 5.7.3.11) einzugeben. Darauf werden Sie auch über das erste Hilfefenster nach dem Drücken der <F8> - Taste hingewiesen. Im Anschluß an die Gesamtübersicht wird immer automatisch die zweizeilige Summierungs-Tabelle in einem gesonderten Block ausgedruckt (siehe Anhang 7.2).

5.7.3.11 Kombinations-Ausdruck (<Strg> + <F8>, - , (1), 2)

Hierdurch wird, wie im zweiten Abschnitt von "Ausdrucken der gelisteten Tabelle" (siehe 5.7.3.10) beschrieben, die Kombination von Einzelteil-Tabelle und zugehöriger Gesamtübersicht ausgedruckt. Allerdings kann hier auf oben beschriebene Befehlseingabe verzichtet werden, da der Kombinations-Ausdruckbefehl nach Ihrer Bestätigung im ersten Hilfefenster die nötige Befehlsfolge selbstständig ausführt.
Da dieser Befehl in seinem zweiten Ausdruckzyklus die Auslastung der gelisteten Einzelteile auf alle betroffenen Maschinen des gesamten aktuellen Maschinenparks anzeigt, ist dies von der ersten Programmebene aus nur dann möglich, wenn Sie darin Einzelteile gelistet haben.
Dieser Befehl wurde entwickelt, um durch dessen höhere Ausführgeschwindigkeit die Pausenzeit zwischen erster und zweiter Phase des Ausdruckprozesses zu verringern. Dadurch kann nahezu bei allen Druckertypen, insbesondere bei Laserdruckern oder Druckern im Netz, die ja den eröffneten Kanal nach einem beendeten Druckbefehl sehr schnell wieder zurücksetzen, gewährleistet werden, daß Ihre

Gesamtübersicht der zweiten Druckphase an die Einzelteil-Tabelle der ersten Phase angehängt wird.

6. Programmentwicklung in Zahlen

Bearbeitungszeitraum:
Dezember 1989 - Dezember 1990

Zeitaufwand:
ca. 1300 Stunden

Programmiersprache:
Turbo Pascal 5.5

Textsystem:
Word 5.0

Literaturverzeichnis:
- Gabriele Rosenbaum u. Reiner Schölles:
  Das große Buch zu Turbo Pascal 5.0 & 5.5,
  Data Becker, 1. Auflage 1989
- Hans-Georg Schuhmann:
  Turbo Pascal 4.0 für Einsteiger,
  Data Becker, 2. Auflage 1988
- Marius Heyn:
  Das große Buch zu Turbo Pascal,
  Data Becker, 2. Auflage 1988
- Heimsoeth & Borland 3:
  Turbo Pascal (5.5), Objektorientierte Programmierung,
  München 1989
- E. Hering / K. Scheurer:
  Fortgeschrittene Programmiertechniken in Turbo Pascal,
  Vieweg 1986
- Susan Lammers:
  Fascination Programmieren,
  Markt & Technik, 1987

- <u>Paul A. Sand</u>:

  Pascal - Programmiertechniken für Fortgeschrittene,

  Mc Graw-Hill Book Company, Hamburg 1986

- <u>Dirk Paulißen / Anita Terhorst</u>:

  Das große Word 5.0 Buch,

  Data Becker, 3. Auflage 1989

Anzahl der im Programm eingesetzten Hilfefenster :
65

Umfang der einzelnen Units:

Programm-Unit	Pascal-Name (____.PAS)	Quelltext	Maschinencode (____.TPU)
Hauptprogramm	(Hauptpro)	36618 Byte	siehe EXE-Progr.
Eingabe-Unit	(Eingabe)	20040 Byte	20992 Byte
Design-Unit	(Outfit)	10521 Byte	13200 Byte
Berechnungs-Unit	(Trafo)	17274 Byte	19296 Byte
Überprüfungs-Unit	(Datei)	35926 Byte	41680 Byte
Dateibearbeitungs-Unit	(Aufruf)	58051 Byte	68544 Byte
Hilfe-Unit	(Hilfe)	54240 Byte	50928 Byte
Summe		232670 Byte	214640 Byte

Benutzte und bearbeitete Unterstützungs-Units aus "Das große Buch zu Turbo Pascal 5.0 / 5.5" (siehe Literaturverzeichnis)

Programm-Unit	Pascal-Name (____.PAS)	Quelltext	Maschinencode (____.TPU)
Pulldown-Unit	(windowXX)	21199 Byte	11248 Byte
Unterstützungs-Unit	(gibeinXX)	23457 Byte	16928 Byte
Unterstützungs-Unit	t_decl	5866 Byte	2240 Byte
Unterstützungs-Unit	t_check	27859 Byte	15648 Byte
Unterstützungs-Unit	_eingabe	14284 Byte	10208 Byte
Unterstützungs-Unit	t_io	34907 Byte	23888 Byte
Summe		127572 Byte	80160 Byte
Gesamt		360242 Byte	294800 Byte

Kapazitätsplanungs-Programm (KSTART.EXE)   176112 Byte

7. Anhang

7.1 Rohentwurf des Programms in Struktogrammen

- Gesamtstruktogramm mit Maskenkopfangabe (= Tabellenspaltenangabe)
- Archivstruktogramm (= Realdatenstruktogramm) mit Detaillierung
- Planspielstruktogramm mit Detaillierung
- Suchen- / Druckenstruktogramm mit Detaillierung
- Rahmendatenstruktogramm mit Detaillierung

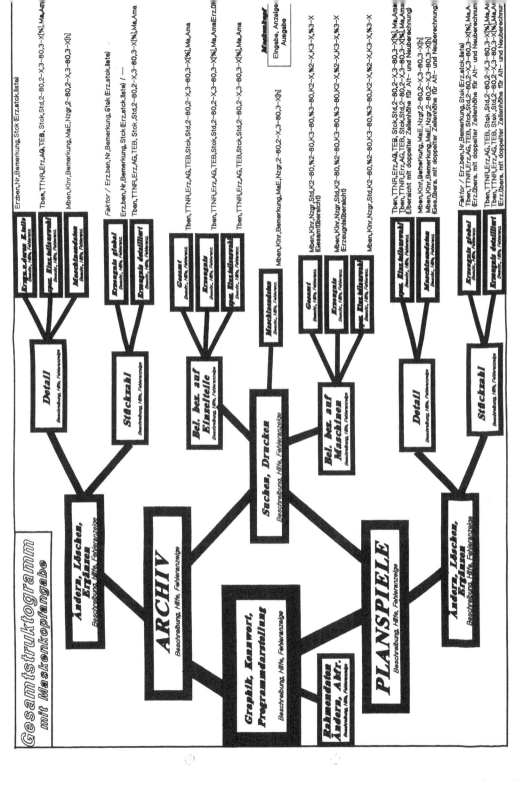

Gesamtstrukturogramm mit Maskenkopfangabe

Eingabe, Anzeige-Ausgabe

Andern, Löschen, Ergänzen
Beschreibung, Hilfe, Fehleranzeige

Detail
Beschreibung, Hilfe, Fehleranzeige

- **Erzg.-daten Eaufn.**
  Beschr., Hilfe, Fehleranz.
  Erz.ben,Nr.,Bemerkung,Stck (Erz.stck.liste)
- **Erz. Einzelauswahl**
  Beschr., Hilfe, Fehleranz.
- **Maschinendaten**
  Beschr., Hilfe, Fehleranz.
  Mben,Klnr,Bemerkung,Stck (Erz.stck.liste)

Stückzahl
Beschreibung, Hilfe, Fehleranzeige

- **Erzeugnis global**
  Beschr., Hilfe, Fehleranz.
  Faktor / Erz.ben,Nr.,Bemerkung,Stck (Erz.stck.liste) / —
  Erz.ben,Nr.,Bemerkung,Stck (Erz.stck.liste) / —
- **Erzeugnis detailliert**
  Beschr., Hilfe, Fehleranz.
  Tben,TTNR,Erz,AG,TEB, Stck, Std,2-80,2-X,3-80,3-X[%],Ma,Ama

ARCHIV
Beschreibung, Hilfe, Fehleranzeige

Suchen, Drucken
Beschreibung, Hilfe, Fehleranzeige

Bel. bez. auf Einzelteile
Beschreibung, Hilfe, Fehleranzeige

- **Gesamt**
  Beschr., Hilfe, Fehleranz.
  Tben,TTNR,Erz,AG,Stck,Std,2-80,2-X,3-80,3-X[%],Ma,Ama
- **Erzeugnis**
  Beschr., Hilfe, Fehleranz.
  Tben,TTNR,Erz,AG,TEB,Stck,Std,2-80,2-X,3-80,3-X[%],Ma,AmaErz.Dl
- **Erz. Einzelauswahl**
  Beschr., Hilfe, Fehleranz.
  Tben,TTNR,Erz,AG,TEB,Stck,Std,2-80,2-X,3-80,3-X[%],Ma,Ama

Maschinendaten
Beschr., Hilfe, Fehleranz.
Mben,Klnr,Bemerkung,MaE,Nzgr,2-80,2-X,3-80,3-X[%],Ma,Ama

Bel. bez. auf Maschinen
Beschreibung, Hilfe, Fehleranzeige

- **Gesamt**
  Beschr., Hilfe, Fehleranz.
  Mben,Klnr,Nzgr,Std,K2-80,K2-80,%2-80,K3-80,%3-80,K2-X,%2-X,K3-X,%3-X (Gesamtübersicht)
- **Erzeugnis**
  Beschr., Hilfe, Fehleranz.
  Mben,Klnr,Nzgr,Std,K2-80,%2-80,K3-80,%3-80,K2-X,%2-X,K3-X,%3-X (Erzeugnisübersicht)
- **Erz. Einzelauswahl**
  Beschr., Hilfe, Fehleranz.
  Mben,Klnr,Nzgr,Std,K2-80,%2-80,K3-80,%3-80,K2-X,%2-X,K3-X,%3-X

Graphik, Konvert, Programmdarstellung
Beschreibung, Hilfe, Fehleranzeige

Rahmendaten ändern, Abfr.
Beschreibung, Hilfe, Fehleranz.

PLANSPIELE
Beschreibung, Hilfe, Fehleranzeige

Andern, Löschen, Ergänzen
Beschreibung, Hilfe, Fehleranzeige

Detail
Beschreibung, Hilfe, Fehleranzeige

- **Erg. Einzelauswahl**
  Beschr., Hilfe, Fehleranz.
  Tben,TTNR,Erz,AG,TEB, Stck,Std,2-80,2-X,3-80,3-X[%], Ma,Ama
  Tben,TTNR,Erz,AG,TEB, Stck,Std,2-80,2-X,3-80,3-X[%], Ma,Ama (Übersicht mit doppelter Zellenhöhe für Alt- und Neuberechnung)
- **Maschinendaten**
  Beschr., Hilfe, Fehleranz.
  Mben,Klnr,Bemerkung,MaE,Nzgr,2-80,2-X,3-80,3-X[h]
  Mben,Klnr,Bemerkung,MaE,Nzgr,2-80,2-X,3-80,3-X[h] (Ges.übers. mit doppelter Zellenhöhe für Alt- und Neuberechnung)

Stückzahl
Beschreibung, Hilfe, Fehleranzeige

- **Erzeugnis global**
  Beschr., Hilfe, Fehleranz.
  Faktor / Erz.ben,Nr.,Bemerkung, Stck (Erz.stck.liste)
  Tben,TTNR,Erz,AG,TEB, Stck,Std,2-80,2-X,3-80,3-X[%], Ma,Am
  (Erz.übers. mit doppelter Zellenhöhe für Alt- und Neuberechnung)
- **Erzeugnis detailliert**
  Beschr., Hilfe, Fehleranz.
  Tben,TTNR,Erz,AG,TEB, Stck,Std,2-80,2-X,3-80,3-X[%], Ma,Am
  Tben,TTNR,Erz,AG,TEB, Stck,Std,2-80,2-X,3-80,3-X[%], Ma,Am
  (Erz.übers. mit doppelter Zellenhöhe für Alt- und Neuberechnung)

7.2 Ausdruckproben von Demonstrationsdateien

- Einzelteildatei mit 9 Elementen mit Gesamtübersichts- und
  Summierungs-Tabelle
- Einzelteildatei mit 300 Elementen mit Gesamtübersichts- und
  Summierungs-Tabelle
- Maschinendatei mit 19 Elementen
- Erzeugnisdatei mit 28 Elementen

| Elementezahl: 9 | Einzelteil-Veränderungstab. (num) | (74.10/320/450) | Seite: 1 |

Teile-benenng.	Typteile-nummer	Erzg. code	Arb-gang	TEB	Stück/Monat	Bel-st/M	2-S.[%] 100	X%	3-S.[%] 100	X%	verwen. Masch.	Auswei-masch.
1 11111	1111111111	11111	1111	111	10000	150	4	43	3	30	1111111	1111111
1 22222	2222222222	22222	2222	222	20000	599	9	43	6	30	2222222	2222222
1 33333	3333333333	33333	3333	333	30000	1348	140	468	100	333	3333333	3333333
1 44444	4444444444	44444	4444	444	40000	2397	187	468	133	333	4444444	4444444
1 55555	5555555555	55555	5555	555	50000	3745	234	468	166	333	5555555	5555555
1 66666	6666666666	66666	6666	666	60000	5393	281	468	200	333	6666666	6666666
1 77777	7777777777	77777	7777	777	70000	7340	328	468	233	333	7777777	7777777
1 88888	8888888888	88888	8888	888	80000	9587	374	468	266	333	8888888	8888888
1 99999	9999999999	99999	9999	999	90000	121!	421	468	300	333	9999999	9999999

| Elementezahl: 9 | Ges.übers. aller Einzelteile(num) | (74.10/320/450) | Seite: 1 |

Maschinengruppen-benennung	Klass.-nummer	Nutzg gradX	Bel-st/M	bei Nutzungsgr.100% Kap2S	A2S	Kap3S	A3S	bei Nutzungsgrad X% Kap2S	A2S	Kap3S	A3S
1 1111111111111	11111 11	10	150	3520	4	4950	3	352	43	495	30
1 2222222222222	22222 22	20	599	7040	9	9900	6	1408	43	1980	30
1 3333333333333	33333 33	30	1348	960	140	1350	100	288	468	405	333
1 4444444444444	44444 44	40	2397	1280	187	1800	133	512	468	720	333
1 5555555555555	55555 55	50	3745	1600	234	2250	166	800	468	1125	333
1 6666666666666	66666 66	60	5393	1920	281	2700	200	1152	468	1620	333
1 7777777777777	77777 77	70	7340	2240	328	3150	233	1568	468	2205	333
1 8888888888888	88888 88	80	9587	2560	374	3600	266	2048	468	2880	333
1 9999999999999	99999 99	90	12134	2880	421	4050	300	2592	468	3645	333

Summ. Tab. bei Nutzgr. 100 %	Belegung	Kap. 2-S.	Asl.2	Kap. 3-S.	Asl.3
Gelistete Maschinen zusammen	42693 Std.	24000 Std.	178 %	33750 Std.	126 %

Teile-benenng.	Typteile-nummer	Erzg. code	Arb-gang	TEB	Stück/ Monat	Bel-st/M	2-S.[%] 100	X%	3-S.[%] 100	X%	verwen. Masch.	Auswei-masch.
1111111	0000000055	11111	1111	111	18000	270	8	77	5	54	1111111	1111111
1111111	0000000056	11111	1111	111	18000	270	8	77	5	54	1111111	1111111
1111111	0000000057	11111	1111	111	18000	270	8	77	5	54	1111111	1111111
1111111	0000000058	11111	1111	111	18000	270	8	77	5	54	1111111	1111111
1111111	0000000059	11111	1111	111	18000	270	8	77	5	54	1111111	1111111
1111111	0000000060	11111	1111	111	18000	270	8	77	5	54	1111111	1111111
1111111	0000000061	11111	1111	111	18000	270	8	77	5	54	1111111	1111111
1111111	0000000062	11111	1111	111	18000	270	8	77	5	54	1111111	1111111
1111111	0000000063	11111	1111	111	18000	270	8	77	5	54	1111111	1111111
1111111	0000000064	11111	1111	111	18000	270	8	77	5	54	1111111	1111111
1111111	0000000065	11111	1111	111	18000	270	8	77	5	54	1111111	1111111
1111111	0000000066	11111	1111	111	18000	270	8	77	5	54	1111111	1111111
1111111	0000000067	11111	1111	111	18000	270	8	77	5	54	1111111	1111111
1111111	0000000068	11111	1111	111	18000	270	8	77	5	54	1111111	1111111
1111111	0000000069	11111	1111	111	18000	270	8	77	5	54	1111111	1111111
1111111	0000000070	11111	1111	111	18000	270	8	77	5	54	1111111	1111111
1111111	0000000071	11111	1111	111	18000	270	8	77	5	54	1111111	1111111
1111111	0000000072	11111	1111	111	18000	270	8	77	5	54	1111111	1111111
1111111	0000000073	11111	1111	111	18000	270	8	77	5	54	1111111	1111111
1111111	0000000074	11111	1111	111	18000	270	8	77	5	54	1111111	1111111
1111111	0000000075	11111	1111	111	18000	270	8	77	5	54	1111111	1111111
1111111	0000000076	11111	1111	111	18000	270	8	77	5	54	1111111	1111111
1111111	0000000077	11111	1111	111	18000	270	8	77	5	54	1111111	1111111
1111111	0000000078	11111	1111	111	18000	270	8	77	5	54	1111111	1111111
1111111	0000000079	11111	1111	111	18000	270	8	77	5	54	1111111	1111111
1111111	0000000080	11111	1111	111	18000	270	8	77	5	54	1111111	1111111
1111111	0000000081	11111	1111	111	18000	270	8	77	5	54	1111111	1111111
1111111	0000000082	11111	1111	111	18000	270	8	77	5	54	1111111	1111111
1111111	0000000083	11111	1111	111	18000	270	8	77	5	54	1111111	1111111
1111111	0000000084	11111	1111	111	18000	270	8	77	5	54	1111111	1111111
1111111	0000000085	11111	1111	111	18000	270	8	77	5	54	1111111	1111111
1111111	0000000086	11111	1111	111	18000	270	8	77	5	54	1111111	1111111
1111111	0000000087	11111	1111	111	18000	270	8	77	5	54	1111111	1111111
1111111	0000000088	11111	1111	111	18000	270	8	77	5	54	1111111	1111111
1111111	0000000089	11111	1111	111	18000	270	8	77	5	54	1111111	1111111
1111111	0000000090	11111	1111	111	18000	270	8	77	5	54	1111111	1111111
1111111	0000000091	11111	1111	111	18000	270	8	77	5	54	1111111	1111111
1111111	0000000092	11111	1111	111	18000	270	8	77	5	54	1111111	1111111
1111111	0000000093	11111	1111	111	18000	270	8	77	5	54	1111111	1111111
1111111	0000000094	11111	1111	111	18000	270	8	77	5	54	1111111	1111111
11111111	0000000095	11111	1111	111	18000	270	8	77	5	54	1111111	1111111
1111111	0000000096	11111	1111	111	18000	270	8	77	5	54	1111111	1111111
11111111	0000000097	11111	1111	111	18000	270	8	77	5	54	1111111	1111111
11111111	0000000098	11111	1111	111	18000	270	8	77	5	54	1111111	1111111
11111111	0000000099	11111	1111	111	18000	270	8	77	5	54	1111111	1111111
11111111	0000000100	11111	1111	111	18000	270	8	77	5	54	1111111	1111111
11111111	0000000101	11111	1111	111	18000	270	8	77	5	54	1111111	1111111
11111111	0000000102	11111	1111	111	18000	270	8	77	5	54	1111111	1111111
11111111	0000000103	11111	1111	111	18000	270	8	77	5	54	1111111	1111111
11111111	0000000104	11111	1111	111	18000	270	8	77	5	54	1111111	1111111
11111111	0000000105	11111	1111	111	18000	270	8	77	5	54	1111111	1111111
11111111	0000000106	11111	1111	111	18000	270	8	77	5	54	1111111	1111111
11111111	0000000107	11111	1111	111	18000	270	8	77	5	54	1111111	1111111
11111111	0000000108	11111	1111	111	18000	270	8	77	5	54	1111111	1111111
11111111	0000000109	11111	1111	111	18000	270	8	77	5	54	1111111	1111111
11111111	0000000110	11111	1111	111	18000	270	8	77	5	54	1111111	1111111
11111111	0000000111	11111	1111	111	18000	270	8	77	5	54	1111111	1111111
11111111	0000000112	11111	1111	111	18000	270	8	77	5	54	1111111	1111111

Teile-benenng.	Typteile-nummer	Erzg. code	Arb-gang	TEB	Stück/Monat	Bel-st/M	2-S.[%] 100	X%	3-S.[%] 100	X%	verwen. Masch.	Auswei-masch.
.1111111	0000000055	11111	1111	111	18000	270	8	77	5	54	1111111	1111111
.1111111	0000000056	11111	1111	111	18000	270	8	77	5	54	1111111	1111111
.1111111	0000000057	11111	1111	111	18000	270	8	77	5	54	1111111	1111111
.1111111	0000000058	11111	1111	111	18000	270	8	77	5	54	1111111	1111111
.1111111	0000000059	11111	1111	111	18000	270	8	77	5	54	1111111	1111111
.1111111	0000000060	11111	1111	111	18000	270	8	77	5	54	1111111	1111111
.1111111	0000000061	11111	1111	111	18000	270	8	77	5	54	1.111111	1111111
.1111111	0000000062	11111	1111	111	18000	270	8	77	5	54	1.111111	1111111
.1111111	0000000063	11111	1111	111	18000	270	8	77	5	54	1111111	1111111
1111111	0000000064	11111	1111	111	18000	270	8	77	5	54	1111111	1111111
1111111	0000000065	11111	1111	111	18000	270	8	77	5	54	1111111	1111111
1111111	0000000066	11111	1111	111	18000	270	8	77	5	54	1111111	1111111
1111111	0000000067	11111	1111	111	18000	270	8	77	5	54	1111111	1111111
1111111	0000000068	11111	1111	111	18000	270	8	77	5	54	1111111	1111111
1111111	0000000069	11111	1111	111	18000	270	8	77	5	54	1111111	1111111
1111111	0000000070	11111	1111	111	18000	270	8	77	5	54	1111111	1111111
1111111	0000000071	11111	1111	111	18000	270	8	77	5	54	1111111	1111111
1111111	0000000072	11111	1111	111	18000	270	8	77	5	54	1111111	1111111
1111111	0000000073	11111	1111	111	18000	270	8	77	5	54	1111111	1111111
1111111	0000000074	11111	1111	111	18000	270	8	77	5	54	1111111	1111111
1111111	0000000075	11111	1111	111	18000	270	8	77	5	54	1111111	1111111
1111111	0000000076	11111	1111	111	18000	270	8	77	5	54	1111111	1111111
1111111	0000000077	11111	1111	111	18000	270	8	77	5	54	1111111	1111111
1111111	0000000078	11111	1111	111	18000	270	8	77	5	54	1111111	1111111
1111111	0000000079	11111	1111	111	18000	270	8	77	5	54	1111111	1111111
1111111	0000000080	11111	1111	111	18000	270	8	77	5	54	1111111	1111111
1111111	0000000081	11111	1111	111	18000	270	8	77	5	54	1111111	1111111
1111111	0000000082	11111	1111	111	18000	270	8	77	5	54	1111111	1111111
1111111	0000000083	11111	1111	111	18000	270	8	77	5	54	1111111	1111111
1111111	0000000084	11111	1111	111	18000	270	8	77	5	54	1111111	1111111
1111111	0000000085	11111	1111	111	18000	270	8	77	5	54	1111111	1111111
1111111	0000000086	11111	1111	111	18000	270	8	77	5	54	1111111	1111111
1111111	0000000087	11111	1111	111	18000	270	8	77	5	54	1111111	1111111
1111111	0000000088	11111	1111	111	18000	270	8	77	5	54	1111111	1111111
1111111	0000000089	11111	1111	111	18000	270	8	77	5	54	1111111	1111111
1111111	0000000090	11111	1111	111	18000	270	8	77	5	54	1111111	1111111
1111111	0000000091	11111	1111	111	18000	270	8	77	5	54	1111111	1111111
1111111	0000000092	11111	1111	111	18000	270	8	77	5	54	1111111	1111111
1111111	0000000093	11111	1111	111	18000	270	8	77	5	54	1111111	1111111
1111111	0000000094	11111	1111	111	18000	270	8	77	5	54	1111111	1111111
1111111	0000000095	11111	1111	111	18000	270	8	77	5	54	1111111	1111111
1111111	0000000096	11111	1111	111	18000	270	8	77	5	54	1111111	1111111
1111111	0000000097	11111	1111	111	18000	270	8	77	5	54	1111111	1111111
1111111	0000000098	11111	1111	111	18000	270	8	77	5	54	1111111	1111111
1111111	0000000099	11111	1111	111	18000	270	8	77	5	54	1111111	1111111
1111111	0000000100	11111	1111	111	18000	270	8	77	5	54	1111111	1111111
1111111	0000000101	11111	1111	111	18000	270	8	77	5	54	1111111	1111111
1111111	0000000102	11111	1111	111	18000	270	8	77	5	54	1111111	1111111
1111111	0000000103	11111	1111	111	18000	270	8	77	5	54	1111111	1111111
1111111	0000000104	11111	1111	111	18000	270	8	77	5	54	1111111	1111111
1111111	0000000105	11111	1111	111	18000	270	8	77	5	54	1111111	1111111
1111111	0000000106	11111	1111	111	18000	270	8	77	5	54	1111111	1111111
1111111	0000000107	11111	1111	111	18000	270	8	77	5	54	1111111	1111111
1111111	0000000108	11111	1111	111	18000	270	8	77	5	54	1111111	1111111
1111111	0000000109	11111	1111	111	18000	270	8	77	5	54	1111111	1111111
1111111	0000000110	11111	1111	111	18000	270	8	77	5	54	1111111	1111111
1111111	0000000111	11111	1111	111	18000	270	8	77	5	54	1111111	1111111
1111111	0000000112	11111	1111	111	18000	270	8	77	5	54	1111111	1111111

Teile-benenng.	Typteile-nummer	Erzg. code	Arb-gang	TEB	Stück/Monat	Bel-st/M	2-S.[%] 100	X%	3-S.[%] 100	X%	verwen. Masch.	Auswei-masch.
11111111	0000000113	11111	1111	111	18000	270	8	77	5	54	1111111	1111111
11111111	0000000114	11111	1111	111	18000	270	8	77	5	54	1111111	1111111
11111111	0000000115	11111	1111	111	18000	270	8	77	5	54	1111111	1111111
11111111	0000000116	11111	1111	111	18000	270	8	77	5	54	1111111	1111111
11111111	0000000117	11111	1111	111	18000	270	8	77	5	54	1111111	1111111
11111111	0000000118	11111	1111	111	18000	270	8	77	5	54	1111111	1111111
11111111	0000000119	11111	1111	111	18000	270	8	77	5	54	1111111	1111111
11111111	0000000120	11111	1111	111	18000	270	8	77	5	54	1111111	1111111
11111111	0000000121	11111	1111	111	18000	270	8	77	5	54	1111111	1111111
11111111	0000000122	11111	1111	111	18000	270	8	77	5	54	1111111	1111111
11111111	0000000123	11111	1111	111	18000	270	8	77	5	54	1111111	1111111
11111111	0000000124	11111	1111	111	18000	270	8	77	5	54	1111111	1111111
11111111	0000000125	11111	1111	111	18000	270	8	77	5	54	1111111	1111111
11111111	0000000126	11111	1111	111	18000	270	8	77	5	54	1111111	1111111
11111111	0000000127	11111	1111	111	18000	270	8	77	5	54	1111111	1111111
11111111	0000000128	11111	1111	111	18000	270	8	77	5	54	1111111	1111111
11111111	0000000129	11111	1111	111	18000	270	8	77	5	54	1111111	1111111
11111111	0000000130	11111	1111	111	18000	270	8	77	5	54	1111111	1111111
11111111	0000000131	11111	1111	111	18000	270	8	77	5	54	1111111	1111111
11111111	0000000132	11111	1111	111	18000	270	8	77	5	54	1111111	1111111
11111111	0000000133	11111	1111	111	18000	270	8	77	5	54	1111111	1111111
11111111	0000000134	11111	1111	111	18000	270	8	77	5	54	1111111	1111111
11111111	0000000135	11111	1111	111	18000	270	8	77	5	54	1111111	1111111
11111111	0000000136	11111	1111	111	18000	270	8	77	5	54	1111111	1111111
11111111	0000000137	11111	1111	111	18000	270	8	77	5	54	1111111	1111111
11111111	0000000138	11111	1111	111	18000	270	8	77	5	54	1111111	1111111
11111111	0000000139	11111	1111	111	18000	270	8	77	5	54	1111111	1111111
11111111	0000000140	11111	1111	111	18000	270	8	77	5	54	1111111	1111111
11111111	0000000141	11111	1111	111	18000	270	8	77	5	54	1111111	1111111
11111111	0000000142	11111	1111	111	18000	270	8	77	5	54	1111111	1111111
11111111	0000000143	11111	1111	111	18000	270	8	77	5	54	1111111	1111111
11111111	0000000144	11111	1111	111	18000	270	8	77	5	54	1111111	1111111
11111111	0000000145	11111	1111	111	18000	270	8	77	5	54	1111111	1111111
11111111	0000000146	11111	1111	111	18000	270	8	77	5	54	1111111	1111111
11111111	0000000147	11111	1111	111	18000	270	8	77	5	54	1111111	1111111
11111111	0000000148	11111	1111	111	18000	270	8	77	5	54	1111111	1111111
11111111	0000000149	11111	1111	111	18000	270	8	77	5	54	1111111	1111111
11111111	0000000150	11111	1111	111	18000	270	8	77	5	54	1111111	1111111
11111111	0000000151	11111	1111	111	18000	270	8	77	5	54	1111111	1111111
11111111	0000000152	11111	1111	111	18000	270	8	77	5	54	1111111	1111111
11111111	0000000153	11111	1111	111	18000	270	8	77	5	54	1111111	1111111
11111111	0000000154	11111	1111	111	18000	270	8	77	5	54	1111111	1111111
11111111	0000000155	11111	1111	111	18000	270	8	77	5	54	1111111	1111111
11111111	0000000156	11111	1111	111	18000	270	8	77	5	54	1111111	1111111
11111111	0000000157	11111	1111	111	18000	270	8	77	5	54	1111111	1111111
11111111	0000000158	11111	1111	111	18000	270	8	77	5	54	1111111	1111111
11111111	0000000159	11111	1111	111	18000	270	8	77	5	54	1111111	1111111
11111111	0000000160	11111	1111	111	18000	270	8	77	5	54	1111111	1111111
11111111	0000000161	11111	1111	111	18000	270	8	77	5	54	1111111	1111111
11111111	0000000162	11111	1111	111	18000	270	8	77	5	54	1111111	1111111
11111111	0000000163	11111	1111	111	18000	270	8	77	5	54	1111111	1111111
11111111	0000000164	11111	1111	111	18000	270	8	77	5	54	1111111	1111111
11111111	0000000165	11111	1111	111	18000	270	8	77	5	54	1111111	1111111
11111111	0000000166	11111	1111	111	18000	270	8	77	5	54	1111111	1111111
11111111	0000000167	11111	1111	111	18000	270	8	77	5	54	1111111	1111111
11111111	0000000168	11111	1111	111	18000	270	8	77	5	54	1111111	1111111
11111111	0000000169	11111	1111	111	18000	270	8	77	5	54	1111111	1111111
11111111	0000000170	11111	1111	111	18000	270	8	77	5	54	1111111	1111111

Teile-benenng.	Typteile-nummer	Erzg. code	Arb-gang	TEB	Stück/ Monat	Bel-st/M	2-S.[%] 100	X%	3-S.[%] 100	X%	verwen. Masch.	Auswei-masch.
11111111	0000000171	11111	1111	111	18000	270	8	77	5	54	1111111	1111111
11111111	0000000172	11111	1111	111	18000	270	8	77	5	54	1111111	1111111
11111111	0000000173	11111	1111	111	18000	270	8	77	5	54	1111111	1111111
11111111	0000000174	11111	1111	111	18000	270	8	77	5	54	1111111	1111111
11111111	0000000175	11111	1111	111	18000	270	8	77	5	54	1111111	1111111
11111111	0000000176	11111	1111	111	18000	270	8	77	5	54	1111111	1111111
11111111	0000000177	11111	1111	111	18000	270	8	77	5	54	1111111	1111111
11111111	0000000178	11111	1111	111	18000	270	8	77	5	54	1111111	1111111
11111111	0000000179	11111	1111	111	18000	270	8	77	5	54	1111111	1111111
11111111	0000000180	11111	1111	111	18000	270	8	77	5	54	1111111	1111111
11111111	0000000181	11111	1111	111	18000	270	8	77	5	54	1111111	1111111
11111111	0000000182	11111	1111	111	18000	270	8	77	5	54	1111111	1111111
11111111	0000000183	11111	1111	111	18000	270	8	77	5	54	1111111	1111111
11111111	0000000184	11111	1111	111	18000	270	8	77	5	54	1111111	1111111
11111111	0000000185	11111	1111	111	18000	270	8	77	5	54	1111111	1111111
11111111	0000000186	11111	1111	111	18000	270	8	77	5	54	1111111	1111111
11111111	0000000187	11111	1111	111	18000	270	8	77	5	54	1111111	1111111
11111111	0000000188	11111	1111	111	18000	270	8	77	5	54	1111111	1111111
11111111	0000000189	11111	1111	111	18000	270	8	77	5	54	1111111	1111111
11111111	0000000190	11111	1111	111	18000	270	8	77	5	54	1111111	1111111
11111111	0000000191	11111	1111	111	18000	270	8	77	5	54	1111111	1111111
11111111	0000000192	11111	1111	111	18000	270	8	77	5	54	1111111	1111111
11111111	0000000193	11111	1111	111	18000	270	8	77	5	54	1111111	1111111
11111111	0000000194	11111	1111	111	18000	270	8	77	5	54	1111111	1111111
11111111	0000000195	11111	1111	111	18000	270	8	77	5	54	1111111	1111111
11111111	0000000196	11111	1111	111	18000	270	8	77	5	54	1111111	1111111
11111111	0000000197	11111	1111	111	18000	270	8	77	5	54	1111111	1111111
11111111	0000000198	11111	1111	111	18000	270	8	77	5	54	1111111	1111111
11111111	0000000199	11111	1111	111	18000	270	8	77	5	54	1111111	1111111
11111111	0000000200	11111	1111	111	18000	270	8	77	5	54	1111111	1111111
11111111	0000000201	11111	1111	111	18000	270	8	77	5	54	1111111	1111111
11111111	0000000202	11111	1111	111	18000	270	8	77	5	54	1111111	1111111
11111111	0000000203	11111	1111	111	18000	270	8	77	5	54	1111111	1111111
11111111	0000000204	11111	1111	111	18000	270	8	77	5	54	1111111	1111111
11111111	0000000205	11111	1111	111	18000	270	8	77	5	54	1111111	1111111
11111111	0000000206	11111	1111	111	18000	270	8	77	5	54	1111111	1111111
11111111	0000000207	11111	1111	111	18000	270	8	77	5	54	1111111	1111111
11111111	0000000208	11111	1111	111	18000	270	8	77	5	54	1111111	1111111
11111111	0000000209	11111	1111	111	18000	270	8	77	5	54	1111111	1111111
11111111	0000000210	11111	1111	111	18000	270	8	77	5	54	1111111	1111111
11111111	0000000211	11111	1111	111	18000	270	8	77	5	54	1111111	1111111
11111111	0000000212	11111	1111	111	18000	270	8	77	5	54	1111111	1111111
11111111	0000000213	11111	1111	111	18000	270	8	77	5	54	1111111	1111111
11111111	0000000214	11111	1111	111	18000	270	8	77	5	54	1111111	1111111
11111111	0000000215	11111	1111	111	18000	270	8	77	5	54	1111111	1111111
11111111	0000000216	11111	1111	111	18000	270	8	77	5	54	1111111	1111111
11111111	0000000217	11111	1111	111	18000	270	8	77	5	54	1111111	1111111
11111111	0000000218	11111	1111	111	18000	270	8	77	5	54	1111111	1111111
11111111	0000000219	11111	1111	111	18000	270	8	77	5	54	1111111	1111111
11111111	0000000220	11111	1111	111	18000	270	8	77	5	54	1111111	1111111
11111111	0000000221	11111	1111	111	18000	270	8	77	5	54	1111111	1111111
11111111	0000000222	11111	1111	111	18000	270	8	77	5	54	1111111	1111111
11111111	0000000223	11111	1111	111	18000	270	8	77	5	54	1111111	1111111
11111111	0000000224	11111	1111	111	18000	270	8	77	5	54	1111111	1111111
11111111	0000000225	11111	1111	111	18000	270	8	77	5	54	1111111	1111111
11111111	0000000226	11111	1111	111	18000	270	8	77	5	54	1111111	1111111
11111111	0000000227	11111	1111	111	18000	270	8	77	5	54	1111111	1111111
11111111	0000000228	11111	1111	111	18000	270	8	77	5	54	1111111	1111111

| Elementezahl: 300 | Einzelteil-Veränderungstab. (num) | | | | | (74.10/320/450) | | | | Seite: 5 |

Teile-benenng.	Typteile-nummer	Erzg. code	Arb-gang	TEB	Stück/Monat	Bel-st/M	2-S.[%] 100	X%	3-S.[%] 100	X%	verwen. Masch.	Auswei-masch.
11111111	0000000229	11111	1111	111	18000	270	8	77	5	54	1111111	1111111
11111111	0000000230	11111	1111	111	18000	270	8	77	5	54	1111111	1111111
11111111	0000000231	11111	1111	111	18000	270	8	77	5	54	1111111	1111111
11111111	0000000232	11111	1111	111	18000	270	8	77	5	54	1111111	1111111
11111111	0000000233	11111	1111	111	18000	270	8	77	5	54	1111111	1111111
11111111	0000000234	11111	1111	111	18000	270	8	77	5	54	1111111	1111111
11111111	0000000235	11111	1111	111	18000	270	8	77	5	54	1111111	1111111
11111111	0000000236	11111	1111	111	18000	270	8	77	5	54	1111111	1111111
11111111	0000000237	11111	1111	111	18000	270	8	77	5	54	1111111	1111111
11111111	0000000238	11111	1111	111	18000	270	8	77	5	54	1111111	1111111
11111111	0000000239	11111	1111	111	18000	270	8	77	5	54	1111111	1111111
11111111	0000000240	11111	1111	111	18000	270	8	77	5	54	1111111	1111111
11111111	0000000241	11111	1111	111	18000	270	8	77	5	54	1111111	1111111
11111111	0000000242	11111	1111	111	18000	270	8	77	5	54	1111111	1111111
11111111	0000000243	11111	1111	111	18000	270	8	77	5	54	1111111	1111111
11111111	0000000244	11111	1111	111	18000	270	8	77	5	54	1111111	1111111
11111111	0000000245	11111	1111	111	18000	270	8	77	5	54	1111111	1111111
11111111	0000000246	11111	1111	111	18000	270	8	77	5	54	1111111	1111111
11111111	0000000247	11111	1111	111	18000	270	8	77	5	54	1111111	1111111
11111111	0000000248	11111	1111	111	18000	270	8	77	5	54	1111111	1111111
11111111	0000000249	11111	1111	111	18000	270	8	77	5	54	1111111	1111111
11111111	0000000250	11111	1111	111	18000	270	8	77	5	54	1111111	1111111
11111111	0000000251	11111	1111	111	18000	270	8	77	5	54	1111111	1111111
11111111	0000000252	11111	1111	111	18000	270	8	77	5	54	1111111	1111111
11111111	0000000253	11111	1111	111	18000	270	8	77	5	54	1111111	1111111
11111111	0000000254	11111	1111	111	18000	270	8	77	5	54	1111111	1111111
11111111	0000000255	11111	1111	111	18000	270	8	77	5	54	1111111	1111111
11111111	0000000256	11111	1111	111	18000	270	8	77	5	54	1111111	1111111
11111111	0000000257	11111	1111	111	18000	270	8	77	5	54	1111111	1111111
11111111	0000000258	11111	1111	111	18000	270	8	77	5	54	1111111	1111111
11111111	0000000259	11111	1111	111	18000	270	8	77	5	54	1111111	1111111
11111111	0000000260	11111	1111	111	18000	270	8	77	5	54	1111111	1111111
11111111	0000000261	11111	1111	111	18000	270	8	77	5	54	1111111	1111111
11111111	0000000262	11111	1111	111	18000	270	8	77	5	54	1111111	1111111
11111111	0000000263	11111	1111	111	18000	270	8	77	5	54	1111111	1111111
11111111	0000000264	11111	1111	111	18000	270	8	77	5	54	1111111	1111111
11111111	0000000265	11111	1111	111	18000	270	8	77	5	54	1111111	1111111
11111111	0000000266	11111	1111	111	18000	270	8	77	5	54	1111111	1111111
11111111	0000000267	11111	1111	111	18000	270	8	77	5	54	1111111	1111111
11111111	0000000268	11111	1111	111	18000	270	8	77	5	54	1111111	1111111
11111111	0000000269	11111	1111	111	18000	270	8	77	5	54	1111111	1111111
11111111	0000000270	11111	1111	111	18000	270	8	77	5	54	1111111	1111111
11111111	0000000271	11111	1111	111	18000	270	8	77	5	54	1111111	1111111
11111111	0000000272	11111	1111	111	18000	270	8	77	5	54	1111111	1111111
11111111	0000000273	11111	1111	111	18000	270	8	77	5	54	1111111	1111111
11111111	0000000274	11111	1111	111	18000	270	8	77	5	54	1111111	1111111
11111111	0000000275	11111	1111	111	18000	270	8	77	5	54	1111111	1111111
11111111	0000000276	11111	1111	111	18000	270	8	77	5	54	1111111	1111111
11111111	0000000277	11111	1111	111	18000	270	8	77	5	54	1111111	1111111
11111111	0000000278	11111	1111	111	18000	270	8	77	5	54	1111111	1111111
11111111	0000000279	11111	1111	111	18000	270	8	77	5	54	1111111	1111111
11111111	0000000280	11111	1111	111	18000	270	8	77	5	54	1111111	1111111
11111111	0000000281	11111	1111	111	18000	270	8	77	5	54	1111111	1111111
11111111	0000000282	11111	1111	111	18000	270	8	77	5	54	1111111	1111111
11111111	0000000283	11111	1111	111	18000	270	8	77	5	54	1111111	1111111
11111111	0000000284	11111	1111	111	18000	270	8	77	5	54	1111111	1111111
11111111	0000000285	11111	1111	111	18000	270	8	77	5	54	1111111	1111111
11111111	0000000286	11111	1111	111	18000	270	8	77	5	54	1111111	1111111

Teile-benenng.	Typteile-nummer	Erzg. code	Arb-gang	TEB	Stück/ Monat	Bel-st/M	2-S.[%] 100	X%	3-S.[%] 100	X%	verwen. Masch.	Auswei-masch.
11111111	0000000287	11111	1111	111	18000	270	8	77	5	54	1111111	1111111
11111111	0000000288	11111	1111	111	18000	270	8	77	5	54	1111111	1111111
11111111	0000000289	11111	1111	111	18000	270	8	77	5	54	1111111	1111111
11111111	0000000290	11111	1111	111	18000	270	8	77	5	54	1111111	1111111
11111111	0000000291	11111	1111	111	18000	270	8	77	5	54	1111111	1111111
11111111	0000000292	11111	1111	111	18000	270	8	77	5	54	1111111	1111111
11111111	0000000293	11111	1111	111	18000	270	8	77	5	54	1111111	1111111
11111111	0000000294	11111	1111	111	18000	270	8	77	5	54	1111111	1111111
4 44444	4444444444	44444	4444	444	90000	5393	421	105	300	749	4444444	4444444
4 55555	5555555555	55555	5555	555	50000	3745	234	468	166	333	5555555	5555555
4 66666	6666666666	66666	6666	666	60000	5393	281	468	200	333	6666666	6666666
4 77777	7777777777	77777	7777	777	70000	7340	328	468	233	333	7777777	7777777
4 88888	8888888888	88888	8888	888	80000	9587	374	468	266	333	8888888	8888888
4 99999	9999999999	99999	9999	999	90000	121!	421	468	300	333	9999999	9999999

Maschinengruppen-benennung	Klass.-nummer	Nutzg gradX	Bel-st/M	bei Nutzungsgr.100% Kap2S	A2S	Kap3S	A3S	bei Nutzungsgrad X% Kap2S	A2S	Kap3S	A3S
4 11111111111111	11111 11	10	79273	3520	225	4950	160	352	225	495	160
4 44444444444444	44444 44	40	5393	1280	421	1800	300	512	105	720	749
4 55555555555555	55555 55	50	3745	1600	234	2250	166	800	468	1125	333
4 66666666666666	66666 66	60	5393	1920	281	2700	200	1152	468	1620	333
4 77777777777777	77777 77	70	7340	2240	328	3150	233	1568	468	2205	333
4 88888888888888	88888 88	80	9587	2560	374	3600	266	2048	468	2880	333
4 99999999999999	99999 99	90	12134	2880	421	4050	300	2592	468	3645	333

Summ. Tab. bei Nutzgr. 100 %	Belegung	Kap. 2-S.	Asl.2	Kap. 3-S.	Asl.3
Gelistete Maschinen zusammen	122865 Std.	16000 Std.	768 %	22500 Std.	546 %

| Elementezahl: 19 | Maschinen - Veränderungstab.(num) | (74.10/320/450) | Seite: 1 |

Maschinengruppen-benennung	Klass.-nummer	Bemerkung	MaE	Nutzg gradX	verf. Kap. 2-S. 100%	X%	verf. Kap. 3-S. 100%	X%
MSO FH 300	03714 00	KST SLF	1	90	320.0	288.0	450.0	405.0
KARSTENS K20-22	03715 00	GE/PORTAL	1	80	320.0	256.0	450.0	360.0
BAHMUELLER/grad	03715 10		1	95	320.0	304.0	450.0	427.5
CINCINNATI R119	03724 11	WAHLW.KST	1	68	320.0	217.6	450.0	306.0
SCHAUDT a402	03724 12		3	60	960.0	576.0	1350.0	810.0
SCHAUDT A 402	03724 14	PORTAL	1	96	320.0	307.2	450.0	432.0
CINCINNATI R119	03724 18		2	80	640.0	512.0	900.0	720.0
KARSTENS /ZANG.	03725 00		2	65	640.0	416.0	900.0	585.0
ARSTENS KC-BS	03725 13	PORTAL	22	78	7040.0	5491.2	9900.0	7722.0
KARSTENS B/S 500	03725 15	MAG.VERZM	1	90	320.0	288.0	450.0	405.0
KARSTENS B/S 500	03725 16	MAG.KOSTA	20	85	6400.0	5440.0	9000.0	7650.0
KARSTENS KG-B5	03725 17	SATZSCH.	1	68	320.0	217.6	450.0	306.0
KARSTENS K20-23	03725 19	15G/SATZS	1	95	320.0	304.0	450.0	427.5
KARSTENS CNC 82	03725 20	PORTAL	11	65	3520.0	2288.0	4950.0	3217.5
MSO FHS 200	03726 11	KST/SLF	18	78	5760.0	4492.8	8100.0	6318.0
MULTIMAT 150-5 P	03875 40	PORTAL	1	78	320.0	249.6	450.0	351.0
MULTIMAT 150-5 S	03875 41	SCHULTER	1	95	320.0	304.0	450.0	427.5
MULTIMAT 150-5 L	03875 42	LADELIFT	1	85	320.0	272.0	450.0	382.5
MULTIMAT 150-5 D	03875 43	DURCHGANG	1	96	320.0	307.2	450.0	432.0

| Elementezahl: 28 | Erzeugnis - Veränderungstab.(num) | (74.10/320/450) | Seite: 1 |

Erzg. code	Erzeugnis-nummer	Erzeugnisbenennung	Bemerkung	Stück/Monat
HILTI	0001 349 000	Winkelschleifer Gr.9	nur fuer Hilti	4000
BHckd	0011 203 000	6-Kg-Hammer		2000
SH5us	0011 309 000	5kg-Schlaghammer	USA-Ausfuehrung	1
WS106	0601 331 000	ZHWS Gr.106		500
WS090	0601 351 003	ZHWS-Gr9	Gesamt-Stueckzahl	50000
GKS54	0601 555 555	Gew. Kreissaege 54		1
GHO 3	0601 592 000	Gew.Handhobel 3-82		2500
PKS54	0603 223 000	Profi-Kreissaege 54		10000
PKE40	0603 227 000	Profi-Kettensaege 40		4000
PKS66	0603 234 000	Profi-Kreissaege 66		10000
UBH4	0611 205 000	4-Kg-Bohrhammer	kleine Keilwelle	2000
UBH6	0611 206 000	6-Kg-Bohrhammer	alt	1500
UBH3	0611 207 000	3-Kg-Bohrhammer		2100
GBH6	0611 208 000	6-Kg-Bohrhammer	alt	1
UBH12	0611 209 000	12-Kg-Bohrhammer		1100
UBH2	0611 210 000	2kg-Bohrhammer		45000
UBH4S	0611 211 000	4-Kg-Bohrhammer	SDS plus	650
GBH8	0611 214 600	8-Kg-Bohrhammer		3000
GBH7	0611 214 700	7-Kg-Schlaghammer	mit Drehstop	4000
GBH5n	0611 216 700	5-Kg-Bohrhammer	neu	6000
USH10	0611 305 000	10-Kg-Schlaghammer		3500
SPIT	0611 305 071	10kg-Spithammer		500
USH6	0611 306 000	6-Kg-Schlaghammer		1
GBH4	0611 307 000	4-Kg-Schlaghammer		1
GSH5n	0611 309 700	5-Kg-Schlagh.	neu	1700
HSH28	0612 314 000	Abbruchhammer	Hochfrequenz / MtB	1
DB/G	1111 111 111	DB-Lenkgetriebe		3000
11111	1211 221 121			10000

7.3 Programmlisting

7.4 Erklärung der Alleinurheberschaft

Ich versichere, daß ich die vorliegende Arbeit selbstständig und ohne andere als die angegebenen Hilfsmittel ausgearbeitet habe. Die aus fremden Quellen direkt oder indirekt übernommenen Gedanken sind als solche gekennzeichnet.

Leinfelden-Echterdingen, den 02.12.90

(Michael Koball)

Diplomarbeiten Agentur

Die Diplomarbeiten Agentur vermarktet seit 1996 erfolgreich Wirtschaftsstudien, Diplomarbeiten, Magisterarbeiten, Dissertationen und andere Studienabschlußarbeiten aller Fachbereiche und Hochschulen.

Seriosität, Professionalität und Exklusivität prägen unsere Leistungen:
*   Kostenlose Aufnahme der Arbeiten in unser Lieferprogramm
*   Faire Beteiligung an den Verkaufserlösen
*   Autorinnen und Autoren können den Verkaufspreis selber festlegen
*   Effizientes Marketing über viele Distributionskanäle
*   Präsenz im Internet unter **http://www.diplom.de**
*   Umfangreiches Angebot von mehreren tausend Arbeiten
*   Großer Bekanntheitsgrad durch Fernsehen, Hörfunk und Printmedien

Setzen Sie sich mit uns in Verbindung:

Diplomarbeiten Agentur
Dipl. Kfm. Dipl. Hdl. Björn Bedey —
Dipl. Wi.-Ing. Martin Haschke ——
und Guido Meyer GbR ————

Hermannstal 119 k ————
22119 Hamburg ————

Fon: 040 / 655 99 20 ————
Fax: 040 / 655 99 222 ————

agentur@diplom.de ————
www.diplom.de ————